essentials

Essentials liefern aktuelles Wissen in konzentrierter Form. Die Essenz dessen, worauf es als „State-of-the-Art" in der gegenwärtigen Fachdiskussion oder in der Praxis ankommt. *Essentials* informieren schnell, unkompliziert und verständlich

• als Einführung in ein aktuelles Thema aus Ihrem Fachgebiet
• als Einstieg in ein für Sie noch unbekanntes Themenfeld
• als Einblick, um zum Thema mitreden zu können

Die Bücher in elektronischer und gedruckter Form bringen das Fachwissen von Springerautor*innen kompakt zur Darstellung. Sie sind besonders für die Nutzung als eBook auf Tablet-PCs, eBook-Readern und Smartphones geeignet. *Essentials* sind Wissensbausteine aus den Wirtschafts-, Sozial- und Geisteswissenschaften, aus Technik und Naturwissenschaften sowie aus Medizin, Psychologie und Gesundheitsberufen. Von renommierten Autor*innen aller Springer-Verlagsmarken.

Christof Jordan • Dragan Jovic

Erfolgreich zu SAP S/4HANA in der Cloud

Praxiserprobte Strategien, Migrationspfade und Best Practices für Entscheider

Christof Jordan
München, Deutschland

Dragan Jovic
München, Deutschland

ISSN 2197-6708   ISSN 2197-6716   (electronic)
essentials
ISBN 978-3-662-72332-6   ISBN 978-3-662-72333-3   (eBook)
https://doi.org/10.1007/978-3-662-72333-3

Die Deutsche Nationalbibliothek verzeichnet diese Publikation in der DeutschenNationalbibliografie; detaillierte bibliografische Daten sind im Internet über https://portal.dnb.de abrufbar.

Springer Gabler ist ein Imprint der eingetragenen Gesellschaft Springer-Verlag GmbH, DE und ist ein Teil von Springer Nature.
Die Anschrift der Gesellschaft ist: Heidelberger Platz 3, 14197 Berlin, Germany

Wenn Sie dieses Produkt entsorgen, geben Sie das Papier bitte zum Recycling.

Was Sie in diesem *essential* finden können

- ein Grundverständnis der SAP-Zielarchitektur in der Cloud,
- eine Einführung in die Private- und Public-Cloud-Ansätze der SAP für S/4HANA sowie
- eine klare Erläuterung der Inhalte und des Nutzens von RISE with SAP und der SAP Business Technology Platform (BTP),
- eine kriterienbasierte Vorstellung der Migrationsstrategien von SAP ECC zu S/4HANA und in die RISE Private Cloud sowie,
- einen Überblick über kritische Erfolgsfaktoren für SAP-Migrationsprojekte.

Vorwort

Wir – Christof Jordan und Dragan Jovic – bringen zahlreiche Jahre an Praxiserfahrung in der SAP-Transformation mit, insbesondere bei der Migration von SAP ECC auf S/4HANA und in die RISE Private Cloud.

Dabei stellen wir immer wieder fest: Viele Unternehmen zögern immer noch, diese Transformation zu beginnen – obwohl seit langem klar ist, dass sie passieren muss. Die Zeit bis zum Wartungsende von ECC läuft, und je später der Einstieg erfolgt, desto größer werden Zeitdruck und Aufwand.

In dem vorliegenden *essential* zeigen wir, dass die SAP-Transformation eine lösbare Aufgabe ist, die Sie sofort angehen sollten. Die Transformation muss nicht langwierig, teuer und komplex sein. Mit einem klaren Zielbild, der passenden Strategie und einer pragmatischen, fokussierten Umsetzung gelingt der Umstieg auf S/4HANA in der Cloud – innerhalb von Zeit und Budget. Damit stellen Sie Ihre SAP-Landschaft technologisch zukunftssicher auf und schaffen die Basis für Innovationen.

Packen Sie es an. Jetzt ist der richtige Zeitpunkt.

Christof Jordan
Dragan Jovic

Inhaltsverzeichnis

1   Einleitung 1

2   Grundlagen der SAP-Cloud-Transformation 5
    2.1   SAP Zielbild in der Cloud. 5
    2.2   Zwei Strategien, ein Ziel: SAP in der Cloud 6
    2.3   RISE with SAP – Ein strategischer Überblick 9
    2.4   SAP Business Technology Platform (BTP) 11

3   Migrationsstrategien in die S/4HANA Private Cloud 15
    3.1   Brownfield – System Conversion 15
    3.2   Greenfield – Neuimplementierung 18
    3.3   Selektive Migration. 21
    3.4   Entscheidungskriterien für den passenden Ansatz 23

4   Projektplanung und -durchführung. 27
    4.1   Vorbereitung und Analyse. 28
    4.2   Implementierungsphase: Aufbau, Konfiguration und Tests 33
    4.3   Go-Live und Übergang in den Betrieb 34

5   Change-Management als Erfolgsfaktor 37

6   Praxisbeispiel – Firma Münchinger AG. 41
    6.1   Ausgangslage und Herausforderungen 41
    6.2   Strategie und Vorgehensweise der Migration 42
    6.3   Ergebnisse und Lessons Learned 43

7   Fazit und Ausblick 45

Was Sie aus diesem essential mitnehmen können...................... 47

Weiterführende Literatur und Materialien............................ 49

Über die Autoren

Christof Jordan ist Programmleiter einer SAP RISE Transformationsinitiative in München. Er verfügt über 18 Jahre Erfahrung als Berater und Führungskraft im Finanzbereich und in der IT. Seit 2017 legt er seinen Schwerpunkt auf die Transformation von SAP-Systemen auf S/4HANA und in die Cloud, von der richtigen Strategie, der passenden Zielarchitektur und einem überzeugenden Business Case bis hin zum erfolgreichen Umsetzungsprojekt.

Dragan Jovic ist SAP-Projektleiter, Fachautor und SAP-Berater aus München. Seit über fünfzehn Jahren begleitet er Unternehmen bei der Einführung, Migration und Transformation von SAP-Systemlandschaften. Seine Schwerpunkte liegen in der Verknüpfung von Technologie und betrieblichem Nutzen. Sein erstes Fachbuch *„Schnelleinstieg in das Immobilienmanagement mit SAP S/4HANA RE-FX"* ist unter der ISBN 978-3960121750 erschienen.

Einleitung 1

Unternehmen weltweit stehen mitten in der digitalen Transformation und sind dabei einem zunehmenden Innovationsdruck ausgesetzt. Geschäftsmodelle verändern sich rasant, Produktinnovationszyklen werden immer kürzer, und Technologien wie Echtzeit-Datenverarbeitung, Advanced Analytics, Automatisierung (RPA) und künstliche Intelligenz (KI) entwickeln sich zu entscheidenden Erfolgsfaktoren.

Klassische On-Premise-Systeme, insbesondere SAP-ERP-Lösungen wie SAP ECC, geraten dabei zunehmend an ihre Grenzen. Auch wenn sie nach wie vor zuverlässig laufen und etablierte Geschäftsprozesse abbilden, sind sie technologisch überholt. Wichtige neue Funktionalitäten stehen nur im Rahmen von S/4HANA und in der Cloud zur Verfügung. Hinzu kommt: SAP hat die Weichen klar in Richtung Cloud gestellt. Wichtige neue Funktionalitäten wie der KI-Assistent Joule stehen nur im Rahmen von S/4HANA bzw. in der Cloud zur Verfügung. Damit ist aus Business-Sicht klar, dass die Umstellung auf S/4HANA in der Cloud die Grundbedingung für Innovationsfähigkeit im SAP-Umfeld ist.

Erheblicher Handlungsdruck ergibt sich aus dem Wartungsende für SAP ECC: Unternehmen, die SAP langfristig nutzen wollen, müssen spätestens bis Ende 2030 auf SAP S/4HANA in der Cloud umsteigen.

Damit ist klar: Abwarten ist keine Option. Unternehmen, die die Migration zu SAP S/4HANA und die damit verbundene Cloud-Transformation hinauszögern, laufen Gefahr, technologisch ins Hintertreffen zu geraten. Während Mitbewerber bereits moderne Cloud-Plattformen einsetzen und ihre Innovationsfähigkeit ausbauen, riskieren zögernde Unternehmen, den Anschluss zu verlieren.

C. Jordan, D. Jovic, *Erfolgreich zu SAP S/4HANA in der Cloud*, essentials, https://doi.org/10.1007/978-3-662-72333-3_1

Mit der Entscheidung für die Transformation stehen sie vor der Herausforde-rung, das für ihr Unternehmen passende Zielbild sowie den optimalen Migrations-pfad zu definieren, sowie die Migration erfolgreich on time und on budget umzusetzen. Denn eines ist klar: In einer Zeit des rasanten Wandels und des Kostendrucks können sie sich keine SAP-Projekte leisten, die länger als die Innovationszyklen ihres Business dauern und mehr Geld verschlingen als notwendig.

Dieses *essential* unterstützt Sie dabei, den richtigen Weg für Ihr Unternehmen zu finden und die Transformation strategisch, pragmatisch, fokussiert und vor allem erfolgreich zu gestalten.

Die zukünftige Architektur von SAP ist komplett Cloud-basiert. Sie besteht aus S/4HANA in der Private Cloud (RISE) oder in der Public Cloud (GROW), inte-griert und ergänzt durch die Business Technology Platform (BTP) sowie eine Viel-zahl von SaaS-Angeboten. Die Integration von Systemen außerhalb des SAP-Ökosystems müssen Sie zusätzlich berücksichtigen.

SAP verfolgt in der Cloud einen ganzheitlichen Ansatz: Softwarelösungen, Be-trieb und Wartung der Systeme, Cloud-Infrastruktur sowie verschiedene Service-leistungen werden in einem abonnementbasierten Modell gebündelt. Die Angebote unterscheiden sich dabei insbesondere hinsichtlich der Anpassbarkeit durch den Kunden. Während die Public Cloud stark standardisierte Systeme und Prozesse zur Nutzung bietet, ermöglichen die Private-Cloud-Optionen eine individuelle Anpas-sung an spezifische Kundenanforderungen.

Die zentrale Idee hinter diesem Konzept ist es, die technische und betriebliche Komplexität für den Kunden zu reduzieren und Unternehmen den Raum zu geben, sich auf die fachliche Transformation und die Nutzung von Mehrwert stiftenden Innovationen zu konzentrieren. Standardisierte Systeme ermöglichen häufige Up-grades mit geringem Aufwand und stellen sicher, dass SAP-Innovationen schnell und effizient „out-of-the-box" bereitstellen können.

Mit seinem Cloud-Angebot bietet SAP somit nicht nur eine technische Platt-form, sondern die strategische Grundlage für eine erfolgreiche digitale Trans-formation.

Der Umstieg in die Cloud-Welt ist weit mehr als nur ein technisches Upgrade, sondern ein umfassendes Transformationsvorhaben, das häufig mit komplexen Migrationsprozessen verbunden ist. Deshalb muss dieser Schritt strategisch fun-diert und auf Basis klarer, nachvollziehbarer Kriterien und Fakten geplant und be-wusst entschieden werden.

Auch betriebswirtschaftliche Aspekte sind zu berücksichtigen: Unternehmen können in der Cloud von neuen Kostenmodellen profitieren, die den Übergang von der Lizenzierung von Software und dem Besitz von IT-Infrastruktur hin zur Subskription derselben als Dienstleistung ermöglichen. Dies reduziert die Kapitalbindung und verwandelt Investitionskosten in Betriebskosten. Statt hohe Anfangsinvestitionen in Hardware und IT-Infrastruktur zu tätigen, zahlen Unternehmen im Abonnementmodell nur für die tatsächlich genutzten Ressourcen.

Zudem bietet die Cloud eine beschleunigte Umsetzung von Innovationen: Neue Funktionen – beispielsweise im Bereich Analytics oder Künstliche Intelligenz (KI) – stehen in regelmäßigen Abständen zur Verfügung, ohne dass aufwendige lokale Upgrades notwendig sind. Dies ermöglicht eine kontinuierliche Weiterentwicklung der IT-Landschaft.

Vorteile der Cloud-Nutzung im Überblick:

- **Upgrade- und Innovationsfähigkeit**: Die kontinuierliche Aktualisierung auf die neueste Softwareversion ermöglicht es, stets die neuesten Innovationen zu nutzen und somit wettbewerbsfähig zu bleiben. Innovationen werden zunehmend nur noch in der Cloud angeboten. Damit ist der Umstieg in die Cloud eine Notwendigkeit.
- **Kosteneffizienz**: Durch das Abonnementmodell werden hohe Investitionskosten in laufende Betriebskosten umgewandelt. Die Nutzung standardisierter SaaS-Lösungen ermöglicht zusätzliche Kostensenkungen. Die Skalierbarkeit der Cloud-Lösungen bedeutet, dass sie im Idealfall nie mehr Ressourcen bezahlen, als sie tatsächlich benötigen. Diese Flexibilität können Sie für kontinuierliches „Rightsizing", also etwa die jederzeit bedarfsgerechte Wahl der Systemgröße, nutzen.
- **Resilienz und Verfügbarkeit**: Cloud-Anbieter verfügen über eine globale Infrastruktur mit zahlreichen Rechenzentren, die höchste Verfügbarkeit und Ausfallsicherheit auch in Krisensituationen gewährleisten. Damit profitieren Sie von Verfügbarkeiten, die Sie intern nur mit höherem Aufwand erzielen könnten.
- **Sicherheit & Compliance**: Cloud-Anbieter gewährleisten höchste Sicherheitsstandards und verfügen über Zertifizierungen, die sich viele Unternehmen im Eigenbetrieb kaum leisten könnten.
- **Fokus auf Kerngeschäft**: Durch die Auslagerung technischer Betriebsaufgaben an SAP und Hyperscaler können interne IT-Teams ihre Ressourcen auf wertschöpfende Aufgaben und strategische Innovationen konzentrieren.

Eine Cloud-Transformation erfordert immer auch Veränderungsmanagement. Technologie allein reicht nicht aus – die Mitarbeitenden müssen den Wandel aktiv mitgestalten, und Prozesse müssen angepasst werden. Dieses *essential* beleuchtet daher nicht nur technische und strategische Optionen (wie Brownfield vs. Greenfield), sondern auch Erfolgsfaktoren im Projekt- und Change-Management. Im Folgenden werden wir zunächst die relevanten Grundlagen von SAPs Cloud-Strategie erläutern (Kap. 2). Anschließend diskutieren wir verschiedene Migrationsstrategien in die SAP S/4HANA Private Cloud (Kap. 3) und geben einen Leitfaden für die praktische Umsetzung eines solchen Transformationsprojekts (Kap. 4). Dem wichtigen Thema Change-Management ist ein eigenes Kapitel gewidmet (Kap. 5), da die beste technische Lösung wirkungslos bleibt, wenn Anwender und Führungskräfte nicht überzeugt und vorbereitet sind. Ein ausführliches Praxisbeispiel (Kap. 6) – das fiktive Unternehmen Münchinger AG – veranschaulicht eine Cloud-Transformation am Beispiel RISE with SAP in der Realität, mit typischen Herausforderungen und Lösungsansätzen. Abschließend wagen wir einen Ausblick (Kap. 7) auf die weitere Entwicklung der SAP-Cloud-Welt und fassen die wichtigsten Erkenntnisse zusammen.

Dieses *essential* dient als praxisnahes Management-Handbuch. Als Führungskraft erhalten Sie strategische Orientierung und konkrete Empfehlungen, um die SAP-Cloud-Transformation Ihres Unternehmens gut vorbereitet und erfolgreich zu gestalten. Jedes Kapitel startet mit einer Zusammenfassung der wichtigsten Kernbotschaften.

▶   • Zukunft in der Cloud: SAP-Systeme werden zukünftig primär in der Cloud betrieben – das bringt sowohl Chancen als auch Herausforderungen mit sich.
    • Handlungsdruck: Durch die Produkt- und Wartungsstrategie von SAP ist eine zeitnahe Transformation unumgänglich. Tempo ist gefragt.
    • Strategische Entscheidung: Definieren Sie frühzeitig ein klares Zielbild und die passende Migrationsstrategie.

Grundlagen der SAP-Cloud-Transformation

2

Cloud Computing hat die Art und Weise revolutioniert, wie IT-Plattformen bereitgestellt und genutzt werden. Im Kern bedeutet Cloud Computing, IT-Ressourcen über das Internet bedarfsgerecht zu beziehen, statt eigene Hardware und Software im Rechenzentrum zu betreiben. Dies bringt Agilität und Skaleneffekte – relevante Stichworte sind IaaS (Infrastructure as a Service), PaaS (Platform as a Service) und SaaS (Software as a Service). Für ein besseres Verständnis der SAP-Cloud-Transformation betrachten wir zunächst die verschiedenen Cloud-Modelle im Kontext von SAP S/4HANA.

2.1 SAP Zielbild in der Cloud

Um Ihre Transformation erfolgreich zu gestalten, sollten Sie das Zielbild verstehen, das SAP für Cloud-Kunden vorgibt. Dieses besteht im Kern aus SAP S/4HANA in der Cloud – als Private oder Public Cloud – ergänzt durch die SAP Business Technology Platform (BTP) für Integration, Erweiterung und Innovation sowie optional durch spezialisierte SaaS-Lösungen (z. B. für HR, Travel oder Analytics).

Die Transformation muss sich an diesem Zielbild ausrichten. Dabei geht es nicht nur um Technik, sondern auch um strategische Fragen: Wo soll SAP zum Einsatz kommen? Welche Alternativen sind sinnvoll? Und wie lassen sich Integration und Zusammenspiel der Komponenten sicherstellen?

Besonders die BTP spielt eine Schlüsselrolle – vor allem als Integrationsplattform. Auch wenn der Funktionsumfang aktuell noch überschaubar ist, wird sie langfristig unverzichtbar sein und sollte fest eingeplant werden.

C. Jordan, D. Jovic, *Erfolgreich zu SAP S/4HANA in der Cloud*, essentials, https://doi.org/10.1007/978-3-662-72333-3_2

Dieses Zielbild reflektiert SAPs klare Cloud-Strategie. Die Weiterentwicklung des ERP-Portfolios findet ausschließlich in der Cloud statt. SAP ECC ist ein Auslaufmodell. Wer SAP auch künftig nutzen will, muss auf S/4HANA in der Cloud wechseln – je früher, desto besser.

Ein Umstieg verändert auch Rollen und Verantwortlichkeiten: SAP übernimmt Infrastruktur und Betrieb. Das entlastet Ihre IT, führt aber auch zu stärkerer Abhängigkeit und verändert interne Aufgaben – etwa durch Wegfall klassischer Basisaufgaben. Im Gegenzug erhalten Sie einen zentralen Ansprechpartner („One Face to the Customer") und klare Zuständigkeiten bei Problemen.

Die SAP-Cloud-Landschaft ist modular aufgebaut. Ihre Architektur wird aus vielen Bausteinen bestehen – und braucht daher stabile, cloudfähige Integrationen sowie Sicherheitsmaßnahmen. Oft müssen bestehende Integrations- und Security-Konzepte angepasst oder modernisiert werden.

S/4HANA, BTP und Integrationstechnologien bilden die technologische Grundlage. Optional bietet die Transformation eine Chance, den Systemkern zu verschlanken – etwa durch Clean Core, Archivierung historischer Daten oder Reduktion kundeneigener Entwicklungen.

▶ **Container Wichtig**

- Unvermeidliche Transformation: Die SAP-Cloud Transformation ist kein optionales Projekt, sondern eine strategische Notwendigkeit. Sie bringt neue Anforderungen an Integration und Sicherheit mit sich. Gestalten Sie Ihr Zielbild aktiv und passen Sie Ihre IT-Strategie entsprechend an.
- Ganzheitlicher Ansatz: Betrachten Sie die SAP-Cloud als ein umfassendes Ökosystem. Mappen Sie dessen Bestandteile auf Ihre geschäftlichen Anforderungen und planen Sie Ihre Cloud-Transformation darauf basierend.
- Proaktives Management: Erkennen Sie die organisatorischen, kommerziellen und strategischen Chancen und Risiken frühzeitig und steuern Sie diese aktiv.

2.2   Zwei Strategien, ein Ziel: SAP in der Cloud

Als Entscheider:in müssen Sie die SAP-Bereitstellungsmodelle einordnen können – insbesondere hinsichtlich Funktionalität, Flexibilität und Anpassbarkeit. Nur mit einem klaren Zielbild lassen sich fundierte Architektur- und Projektentscheidungen treffen.

SAP unterscheidet zwei zentrale Cloud-Modelle:

- SAP S/4HANA Public Cloud, vermarktet als **GROW with SAP**
- SAP S/4HANA Private Cloud, angeboten im Rahmen von **RISE with SAP**

Beide Varianten führen zu einem modernen SAP-System in der Cloud, unterscheiden sich jedoch grundlegend.

GROW with SAP – Public Cloud
Die Public Cloud ist ein Multi-Tenant-Modell: Alle Kunden nutzen dieselbe standardisierte Software. Der Fokus liegt auf SaaS – also Software „as a Service". Anpassungen sind nur eingeschränkt möglich, z. B. über Konfiguration oder externe Erweiterungen („side-by-side").

Die Vorteile: Hohe Standardisierung, einfache Updates (vierteljährlich), schnelle Einführung und geringe Betriebsaufwände. Dafür erfordert das Modell Prozessanpassungen an den SAP-Standard und Verzicht auf kundeneigene Entwicklungen. Es eignet sich für Unternehmen, die neu starten oder ihre Prozesse stark vereinheitlichen wollen.

RISE with SAP – Private Cloud
Die Private Cloud bietet eine eigene Systeminstanz mit vollem S/4HANA-Funktionsumfang – ähnlich einer On-Premise-Lösung, aber betrieben in der Cloud. Die Infrastruktur wird individuell dimensioniert (z. B. beim Hyperscaler Ihrer Wahl).

Diese Variante erlaubt vollständige Erweiterbarkeit – auch im Kernsystem –, bietet aber zugleich die Cloud-Vorteile: Skalierbarkeit, Automatisierung, geringerer Betriebsaufwand. Updates erfolgen jährlich, ergänzt durch optionale Feature Packs.

Sie eignet sich für Unternehmen, die bestehende Prozesse und Eigenentwicklungen beibehalten möchten oder einen Brownfield-Ansatz verfolgen.

Wie Tab. 1 verdeutlicht, bietet die Private Cloud die Möglichkeit, bewährte Prozesse und spezielle Funktionsanforderungen mitzunehmen, während man dennoch von Cloud-Eigenschaften profitiert. Die Public Cloud dagegen eignet sich vor allem, wenn ein Unternehmen bereit ist, sich sehr stark an SAP-Standardprozessen zu orientieren und ohne Altlasten ganz neu zu beginnen. Aus Management-Sicht ist es essenziell, diese Unterschiede zu verstehen, denn die Entscheidung für Public vs. Private Cloud hat Auswirkungen auf Projektlaufzeit, Change-Bedarf und langfristige Flexibilität. Unterschiedliche Geschäftsprozesse können andere Ansätze erfordern. Standardisierung ist kein Selbstzweck. Nutzen Sie sie, wo es sinnvoll ist und setzen Sie gleichzeitig Individualisierung ein, wo sie Mehrwert bringt.

Tab. 1 Vergleich Public Cloud GROW vs. Private Cloud RISE

Kriterium	GROW with SAP (Public)	RISE with SAP (Private)
Bereitstellung	• SAP stellt Software als Service (SaaS) in der Cloud zur Nutzung für den Kunden zur Verfügung. • Vorkonfigurierte Softwarelösung mit standardisierten Prozessen. • Minimaler Einfluss auf Betrieb und Infrastruktur	• SAP stellt Software-Produkt und Betrieb als Managed Service zur Verfügung. • Ermöglicht kundenspezifische Anpassung und die Übernahme bestehender Systeme. • Sie können Betriebsleistung und Infrastruktur mit definieren
Zielgruppe	• Kleine und mittelständische Unternehmen. • Akquisitionen und Carve-Outs.	• Große Unternehmen mit komplexen Anforderungen, integrierten Prozessen und Systemlandschaften
Strategische Ausrichtung	• Schnelle, unkomplizierte SAP S/4HANA Einführung mit Best Practices • Nicht wettbewerbsdifferenzierende Prozesse. „Best of breed".	• Migration bestehender Systeme mit hoher Flexibilität und Kontrolle durch den Kunden. • Hohe Prozesskomplexität, wettbewerbsdifferenzierende Prozesse
Anpassbarkeit	• SAP Standard-Funktionalität • Geringer Anpassungsspielraum im Systems selbst • Hoher Standardisierungsgrad – Kunde passt sich an • Einfache Wartung/Upgrades	• Hohe Individualisierbarkeit-System passt sich an • SAP Standard und bestehende Prozesse können übernommen und das System flexibel weiterentwickelt werden. • Komplexere Wartung/Upgrades mit zunehmender Abweichung vom SAP-Standard
Erweiterbarkeit	• Konfiguration; keine Änderungen im SAP-Code • Eigenentwicklungen ausgelagert „side-by-side" z. B. auf der BTP	• Volle Erweiterbarkeit mit Eigenentwicklungen (Custom Code) möglich • Clean Core Prinzip empfohlen für Upgradefähigkeit
Kosten- und Lizenzmodell	• Standardisiert. Abonnementbasiert (Subscription-Modell) mit monatlicher Gebühr • Einfaches kommerzielles Konstrukt	• Software-Lizenzen im Bündel mit Infrastruktur, Betrieb und Services; meist basiert auf Full Use Equivalents (FUE). • Komplexeres kommerzielles Konstrukt

Dieses essential konzentriert sich auf RISE with SAP, also die Private Cloud – sei es wegen des vollen Funktionsumfangs, der nötigen Flexibilität oder weil eine Brownfield-Migration angestrebt wird.

2.3 RISE with SAP – Ein strategischer Überblick

Nachdem die beiden grundlegenden Konzepte geklärt sind, betrachten wir RISE with SAP im Detail. SAP hat RISE with SAP eingeführt, um Unternehmen den Übergang zu S/4HANA in der Cloud so einfach wie möglich zu gestalten. Bei RISE handelt es sich um ein umfassendes Bündel aus Software, Cloud-Infrastruktur und Betriebsleistungen – unter einem Vertrag und aus einer Hand. Im Kern bietet SAP das Software-Produkt S/4HANA auf einer von SAP verantworteten Technologieplattform als Managed Service an. So sieht aus der Sicht von SAP die Zukunft von ERP in der Cloud für Kunden aus, die S/4HANA als flexibel anpassbares Softwareprodukt nutzen möchten und daher die Private Cloud wählen. Ergänzt wird RISE with SAP im Zielbild von SAP durch die Business Technology Platform (BTP) sowie diverse SaaS-Angebote für spezifische Geschäftsprozesse.

Wichtig aus Kundensicht ist: der Umstieg auf RISE erfordert eine Transformationsleistung im Sinne einer Migration, wenn Sie bestehende Systeme dorthin überführen wollen. Diese Migration muss separat bewertet und beauftragt werden, idealerweise im direkten Zusammenhang mit dem RISE-Vertrag selbst. Daher sollten Sie eine allfällige Migration von Anfang an mitdenken, wenn Sie sich mit RISE beschäftigen.

Die Kernbestandteile von RISE with SAP als Managed Service lassen sich in drei Schichten gliedern:

Infrastruktur

Die zugrundeliegende technische Infrastruktur (IaaS) wird von SAP in Zusammenarbeit mit sogenannten Hyperscalern als Hosting bereitgestellt. Hyperscaler sind Cloud-Anbieter, die IT-Ressourcen wie Rechenleistung, Speicher und Netzwerke in großem Maßstab flexibel und global zur Verfügung stellen. Als Kunde können Sie in RISE einen oder mehrere Hyperscaler auswählen. Neben den großen internationalen Playern wie Microsoft Azure, Amazon Web Services (AWS) und Google Cloud Platform (GCP) hat SAP auch europäische Anbieter im Angebot. Zudem werden auf europäische Regulatorik (GDPR) zugeschnittene Lösungen angeboten. SAP übernimmt im Rahmen von RISE die gesamte vertragliche Abwicklung und Koordination mit dem jeweiligen Hyperscaler. Wichtig: Für den Kunden gilt das One-Face-to-the-Customer-Prinzip – SAP ist alleiniger Vertragspartner für Software, Betrieb und Infrastruktur, was das Vertragsmanagement erheblich vereinfacht.

Betrieb

In RISE übernimmt SAP den Basisbetrieb des S/4HANA-Systems und stellt dadurch einen reibungslosen Betrieb sicher. Dazu zählen die Installation, Grundkonfiguration, Monitoring und Wartung (inklusive Upgrades und Sicherheitsupdates) der IT-Basiskomponenten wie Betriebssystem und HANA-Datenbank. Der Kunde kann den Umfang der Betriebsleistungen flexibel aus dem SAP-Serviceangebot wählen. Vorab sollte geprüft werden, ob die Standardservices ausreichen oder zusätzliche Leistungen benötigt werden. Ziel muss es sein, von Beginn des RISE-Vertrags an alle notwendigen Leistungen vertraglich abgedeckt zu haben, um spätere Nachkäufe und Nachverhandlungen und die damit verbundenen Zeit- und Kostenrisiken zu vermeiden.

SAP übernimmt in RISE also zentrale technische Aufgaben, während Sie als Kunde weiterhin für Geschäftsprozesse, Datenqualität und Customizing verantwortlich sind. Das ist wichtig zu betonen: RISE with SAP entlastet technisch, doch die eigentliche Business-Transformation bleibt Führungsaufgabe.

Weil SAP mit RISE wesentliche Betriebsaufgaben übernimmt, sinkt der operative Aufwand auf Kundenseite in vielen Fällen – abhängig davon, wie sie aktuell Infrastruktur- und Basisbetrieb organisiert haben. Das kann dazu führen, dass Teile Ihrer Organisation in Zukunft andere Aufgaben übernehmen können – beispielsweise Transformationsaufgaben oder die Implementierung weiterer Komponenten des SAP-Zielbilds wie der SAP BTP.

Um einen passenden RISE-Vertrag abzuschließen, sollten Kunden ihre Infrastrukturanforderungen, die benötigten Betriebsumfänge und deren Kosten genau verstehen und mit anderen Optionen vergleichen. Je klarer Ihr Zielbild diesbezüglich ist, desto besser ist Ihre Verhandlungsposition. Daher investieren Sie Zeit in die Vorbereitung.

Software

Im Zentrum von RISE steht SAP S/4HANA Cloud, Private Edition als digitales Kernsystem. Der Kunde erhält das Softwareprodukt S/4HANA und kann es im Rahmen der Betriebsvorgaben von RISE flexibel und individuell nutzen.

Die Lösung umfasst alle wesentlichen ERP-Funktionen wie Finanzen, Logistik und HR. Durch die dedizierte Private-Cloud-Umgebung bietet sie hohe Anpassungsfähigkeit und Kontrolle über betriebliche Prozesse. Gleichzeitig übernimmt SAP im Rahmen von RISE zentrale Betriebsaufgaben wie Updates, Monitoring und die technische Systempflege.

Die Bereitstellung erfolgt im Subskriptionsmodell, das die traditionelle Lizenzierung und die jährliche Wartungsgebühr ablöst. Dadurch wird nicht nur die Kostenplanung vereinfacht, sondern auch die Flexibilität erhöht, da die Nutzung nach Bedarf skalierbar ist. Diese Kombination aus Betriebsmodell und zentralem ERP-System ermöglicht es Unternehmen, die Digitalisierung effizient voranzutreiben und von modernen Cloud-Architekturen zu profitieren.

Migration und Transformation

Mit RISE bietet SAP eine technische Plattform als Managed Service, während die Transformation (also der Weg dorthin) als separates Projekt geplant und durchgeführt werden muss. Daher widmen wir diesem Aspekt einen großen Teil dieses Essentials.

Obwohl RISE manchmal als „Transformation as a Service" vermarktet wird, erfolgt die eigentliche Transformationsarbeit entweder durch SAP selbst oder einen anderen geeigneten Migrationsdienstleister, unterstützt durch die RISE-Methodologie und zunehmend durch Werkzeuge, die SAP zur Verfügung stellt. Diese Transformation muss zusätzlich geplant und vertraglich vereinbart werden, idealerweise zeitgleich mit dem RISE-Vertrag. Zusammen mit SAP oder einem erfahrenen Implementierungspartner können Sie konkrete, auf die Unternehmenssituation und Ihr Zielbild zugeschnittene Arbeitspakete ableiten und zeitlich und kommerziell realistisch bewerten. Pochen Sie dabei auf standardisierte, methodisch überzeugende und toolgestützte Vorgehensweisen. Der Erfolg der Transformation hängt maßgeblich von einer realistischen Planung und der Bereitschaft ab, sich auf neue technische Standards und Cloud-Prinzipien frühzeitig vorzubereiten. Dies betrifft insbesondere die Notwendigkeit, Integrationstechnologien cloud-ready zu machen und adäquate Sicherheitsvorkehrungen zu treffen, um ihre SAP-Systeme in der Cloud abzusichern.

So kann RISE ein Beschleuniger für Ihre SAP-Cloud-Journey werden: Es senkt technische wie auch kommerzielle Eintrittsbarrieren für die S/4HANA in der Cloud, indem es ein orchestriertes Rahmenwerk bietet. Dieses Rahmenwerk können Sie, beginnend mit dem RISE-Vertrag, in Ihrem Sinne ausprägen.

2.4   SAP Business Technology Platform (BTP)

Die SAP BTP ist das technologische Rückgrat von SAPs Cloud-Strategie und zentrales Element im RISE-Kontext. Sie fungiert als Integrations-, Erweiterungs- und Innovationsplattform, die Systeme verbindet und Erweiterungen ermöglicht – ohne Eingriffe in den S/4HANA-Kern. Damit unterstützt sie das Clean-Core-Prinzip und sorgt für Upgrade-Fähigkeit.

BTP-Services wie KI-gestützte Automatisierung treiben die Digitalisierung voran. Zwar ist die Anzahl sofort einsetzbarer Lösungen derzeit noch begrenzt, doch sie wächst kontinuierlich und stellt ein wichtiges Zukunftsfeld dar.

Integration mit der SAP Integration Suite

Die BTP beinhaltet die SAP Integration Suite, mit der SAP- und Non-SAP-Systeme sicher und performant verbunden werden können. Vor allem in heterogenen Landschaften ersetzt sie veraltete, oft unsichere Schnittstellen durch standardisierte Integrationspakete und APIs.

Erweiterbarkeit durch Side-by-Side-Entwicklung

Statt Kernmodifikationen nutzt SAP in der Cloud das Side-by-Side-Modell: Erweiterungen laufen außerhalb von S/4HANA auf der BTP und kommunizieren über APIs. Dadurch bleiben Kernsysteme unberührt – Updates werden einfacher, die Wartung effizienter.

Beispiel: Eine Sonderlogik zur Preisfindung wird als separate App auf der BTP realisiert, ohne S/4HANA zu verändern. Nutzer greifen über das SAP Fiori Launchpad nahtlos darauf zu.

SAP Build: Low-Code/No-Code

Mit SAP Build können Fachbereiche einfache Apps und Workflows selbst entwickeln. Das steigert die Agilität – vorausgesetzt, die IT sorgt für Governance und Standards.

Innovation und Künstliche Intelligenz (z. B. Joule)

BTP bietet KI-Services wie Dokumentenerkennung oder Chatbots. Der KI-Assistent Joule ermöglicht natürliche Sprachinteraktion mit SAP-Systemen – auch zur Unterstützung von Entwicklern (z. B. beim Coden, Testen oder Dokumentieren) sowie in der Projektarbeit.

Beispiel: Bei der Münchinger AG könnte KI auf der BTP die Forecasting-Genauigkeit verbessern – mit betriebswirtschaftlichem Nutzen.

Viele dieser KI-Services sind noch im Aufbau! Ihr Potenzial ist groß, aber Reifegrad, Integrationsfähigkeit und damit Businessnutzen variieren.

BTP & Clean Core – zentrale Prinzipien

Im Kontext von Integration und Erweiterbarkeit ist häufig vom „Clean Core" die Rede. Die BTP erlaubt es, Individualentwicklungen aus dem Kernsystem auszulagern. Das reduziert technische Schulden, erhöht die Upgrade-Fähigkeit und macht Innovationen schneller nutzbar.

Best Practices:

- Eigenentwicklungen nach Möglichkeit als Side-by-Side-Lösungen umsetzen.
- Nur wo nötig, im Kern entwickeln – und sauber dokumentieren.
- BTP frühzeitig im Zielbild und im RISE-Vertrag berücksichtigen (z. B. über verfügbare Credits für Services).

Migrationsstrategien in die S/4HANA Private Cloud 3

Sie haben sich für die SAP-Cloud-Transformation entschieden und möchten diese in der Private Cloud mit RISE with SAP umsetzen. Bevor jedoch konkrete Maßnahmen eingeleitet werden, müssen Sie eine strategische Grundsatzentscheidung treffen: Wie migrieren Sie Ihre bestehende SAP-Systemlandschaft in die neue Zielumgebung?

Die Wahl des Migrationsansatzes hängt maßgeblich von den angestrebten Zielen und dem erwarteten Nutzen ab – also vom Business Case, der daraus entsteht. Bilden Sie sich dazu eine realistische Meinung, bevor Sie die Migration starten, und entscheiden Sie auf Basis quantitativer Einschätzungen.

In der SAP-Welt haben sich drei etablierte Migrationsszenarien für die S/4HANA-Transformation herausgebildet. Zwar entwickeln große Implementierungspartner häufig eigene Begriffe und Varianten – oft unter eigenem Branding – doch im Kern lassen sich die Ansätze auf drei Hauptstrategien zurückführen, die wir im Folgenden betrachten:

3.1 Brownfield – System Conversion

Der Begriff Brownfield beschreibt die technische Umstellung eines bestehenden SAP-ERP-Systems auf SAP S/4HANA mit minimalen Anpassungen und weitgehender Beibehaltung der bestehenden Funktionalitäten und Geschäftsprozesse. Dabei dient die vorhandene Systemlandschaft als Ausgangsbasis: Prozesse, Customizing, Stamm- und Bewegungsdaten sowie Eigenentwicklungen werden – soweit technisch möglich – in das neue Zielsystem überführt. Obwohl es empfehlenswert ist, technische Schulden wie ungenutzte Eigenentwicklungen zu bereinigen,

C. Jordan, D. Jovic, *Erfolgreich zu SAP S/4HANA in der Cloud*, essentials, https://doi.org/10.1007/978-3-662-72333-3_3

Schnittstellen zu modernisieren oder Archivierungen vorzunehmen, ist dies nicht zwingend erforderlich. Diese Migrationsstrategie eignet sich besonders, wenn das Hauptziel ein schneller und kosteneffizienter Umzug auf S/4HANA und in die Cloud ist.

Im Kern handelt es sich bei Brownfield um eine Art technisches Upgrade, bei dem das bestehende SAP-System auf die moderne S/4HANA-Plattform migriert wird. Dieser Prozess wird Konvertierung oder Conversion genannt. SAP stellt Tools und Methoden bereit, die den Konvertierungsprozess unterstützen und Ihnen helfen, diesen möglichst standardisiert durchzuführen. Man kann sich den Vorgang gut wie einen Umzug in ein neues Haus vorstellen: Man übernimmt die vertraute Einrichtung, das Mobiliar und vieles, was sich bewährt hat – entrümpelt aber im Vorfeld. Das neue Haus hat eine ähnliche Struktur, Größe und Funktionalität, ist jedoch technisch auf dem neuesten Stand: mit modernen Leitungen, effizienterer Elektronik und größeren Fenstern – einem leistungsfähigeren Kernsystem, optimierten Prozessen und einer zeitgemäßen Oberfläche. Weil das neue Haus nicht 100 % dem alten entspricht, müssen Sie einige kleine Anpassungen an Ihren Prozessen vornehmen, um es nutzen zu können.

So ermöglicht Brownfield den Umzug auf SAP S/4HANA ohne bei null anfangen zu müssen, gleichzeitig aber mit der Chance, Altes zu überdenken und das System gezielt zu modernisieren. SAP oder ein Implementierungspartner stellt eine neue S/4HANA-Umgebung in der RISE Private Cloud bereit. Anschließend wird das bestehende System migriert – inklusive Daten, Konfiguration und Eigenentwicklungen, soweit kompatibel. Dabei wird die Datenbank von bspw. Non-SAP auf HANA getauscht, das Softwareprodukt von ECC auf S/4HANA gewechselt, und die Daten aus dem Altsystem werden vollständig migriert.

Brownfield ist für viele Unternehmen ein attraktiver Migrationsweg, wenn bewährte Prozesse beibehalten werden sollen und die Datenhistorie von Bedeutung ist – gleichzeitig aber der Wechsel in die moderne SAP-Welt angestrebt wird.

Ein kritischer Erfolgsfaktor der Brownfield-Conversion ist der konsequente Fokus auf das technisch Notwendige, um den Umstieg auf S/4HANA und in die Cloud effizient und zielgerichtet zu gestalten. Der Brownfield-Ansatz entspricht einer Ersatzinvestition, wie z. B. dem Neubau einer Autobahnbrücke. Sie stellen damit sicher, dass Ihre in SAP abgebildeten Kernprozesse in Zukunft laufen und sich weiter entwickeln können. Es ist allerdings oft schwierig, damit einen konkreten Business Case zu verknüpfen.

Vorteile Brownfield:

- **Schnelle Umsetzung:** In der Regel lässt sich eine Conversion schneller durchführen als eine komplette Neuimplementierung. Gerade bei Zeitdruck (z. B. Supportende von ECC) ist Brownfield der pragmatische Weg, um das Zielbild „S/4HANA in der Cloud" zügig zu erreichen. Optional können Neuerungen später implementiert werden.
- **Technologische Basis für Innovationen:** Mit S/4HANA in RISE wird die Grundlage für moderne Technologien wie Fiori und den KI-Assistenten Joule geschaffen. Diese können unabhängig vom Migrationsprojekt nachträglich aktiviert werden.
- **Geringerer Aufwand und Kosten:** Da kein vollständiges Redesign erfolgt, bleibt der Projektumfang klar abgegrenzt und die fachliche Komplexität überschaubar. Standardisierte, toolgestützte Vorgehensweisen (auch skalierbar als Migration-Factory) ermöglichen eine zeit- und kosteneffiziente Umsetzung vieler Systemlandschaften in kurzer Zeit.
- **Geringer Schulungs- und Change-Aufwand:** Nur einige zwingend erforderliche Funktionalitäten und Benutzeroberflächen ändern sich, was den Aufwand für Mitarbeiterschulungen minimiert.
- **Fokus auf das Wesentliche:** Durch die Konzentration auf das technisch Notwendige wird Scope Creep vermieden, was das Projektziel klar im Blick behält.
- **IT-Projekt mit wenig Aufwand für den Fachbereich:** Der Fachbereich ist vor allem in der Definition der wenigen notwendigen Prozess- und Datenmodellanpassungen sowie in der Testphase eingebunden. Damit lässt sich eine Brownfield-Conversion i. W. als IT-Projekt gestalten und kann gut an externe Partner vergeben werden.

Nachteile Brownfield:

- **Kein initialer Nutzen neuer Funktionen:** Da das System nicht neu gestaltet wird, bleiben die genutzten Funktionen zunächst unverändert. Innovationen (wie neue Funktionalitäten in S/4HANA, Fiori-Apps oder zusätzliche Module EWM oder Transportation Management) müssen im Nachgang aktiv eingeführt werden. Ohne zusätzlichen Aufwand bleiben unmittelbare Verbesserungen daher begrenzt und damit lässt sich häufig kein attraktiver Business Case darstellen.
- **Nicht alle ECC-Funktionalitäten können konvertiert werden:** Da die Conversion vorrangig die bestehende Systemlogik beibehält, müssen manche neuen Funktionalitäten selektiv nachträglich ergänzt werden, was zusätzlichen

Aufwand bedeutet. Das betrifft insbesondere Module, die SAP von Grund auf neu entwickelt hat, etwa EWM und Transportation Management.

- **Technische Komplexität und Testaufwand:** Eine Conversion ist technisch anspruchsvoll, auch wenn standardisierte Werkzeuge und Methoden zur Verfügung stehen. Sie erfordert spezialisiertes Expertenwissen und professionelles Projektmanagement. Umfangreiche Tests sind erforderlich, um sicherzustellen, dass bestehende Prozesse nach der Umstellung reibungslos funktionieren. Die Migration erfolgt in iterativen Schritten und muss mehrfach geprobt werden. Das Projektrisiko liegt hier insbesondere im Bereich IT – etwa bei der Datenmigration und Schnittstellenkompatibilität. Wählen Sie zur Umsetzung einen Partner aus, der diese technische Komplexität in einer Ihrem Anwendungsfall vergleichbaren Situation nachweislich beherrscht.

Brownfield eignet sich besonders, wenn: Ihr bestehendes System aktuell ist (z. B. ECC EHP7/8), Ihre Prozesse im Wesentlichen gut funktionieren, Sie viele wertvolle Daten angesammelt haben, die Sie behalten wollen, und die Zeit oder das Budget für einen großen Neuaufbau begrenzt sind. Brownfield ist zudem die bevorzugte Wahl, wenn kein Business-Case für die Einführung neuer Funktionalitäten oder die Harmonisierung und Standardisierung von Prozessen besteht. Auch organisatorisch bietet sich dieser Ansatz an, wenn das Unternehmen Change-müde ist und eine schnelle, risikoarme und minimalinvasive Transformation bevorzugt.

Allerdings darf man sich nicht täuschen: Auch Brownfield erfordert Change-Management (siehe Kap. 5), denn die Benutzer bekommen trotz allem ein neues UI (SAP Fiori) und neue Möglichkeiten – und manche alte Transaktion gibt es nicht mehr, was Prozessanpassungen erzwingt.

3.2 Greenfield – Neuimplementierung

Der Greenfield-Ansatz steht für eine vollständige Neuimplementierung von SAP S/4HANA – quasi auf der „grünen Wiese". Das neue System wird unabhängig von der bestehenden ERP-Umgebung geplant und umgesetzt. Im Fokus steht die Möglichkeit, Geschäftsprozesse neu zu gestalten, zu standardisieren und zu harmonisieren, anstatt bestehende Abläufe aus dem Altsystem zu übernehmen. Der Hauptaufwand liegt in der Prozessdefinition, der Implementierung der neuen Prozesse und dem Rollout in die Organisation – inklusive Change-Management. Ersetzt das neue System eine bestehenden ERP-Umgebung, ist zusätzlich ein Datenmigrationsprojekt erforderlich, um Altdaten auf die neuen Strukturen zu übertragen. Dafür gibt es bewährte Tools und Anbieter.

Greenfield eignet sich besonders, wenn die Nutzung neuer Prozesse und Funktionalitäten einen klaren Business Case bietet. Voraussetzung ist, dass tatsächlich optimierte, zukunftsfähige Abläufe entstehen – und nicht lediglich bestehende Prozesse 1:1 rekonstruiert werden. Dafür müssen Sie in User Research und Prozessanalyse investieren und eine entsprechende Projektphase einplanen. Je mehr Prozesse Sie ändern, desto höher fällt der Change Management-Aufwand aus. In manchen Fällen ist Greenfield die einzige Option, wenn es keinen direkten Migrationspfad vom SAP-Altsystem gibt (z. B. SRM, EWM, TM). Aufgrund genannter Herausforderungen sollten Sie die Kosten und die Projektdauer nicht unterschätzen und umso mehr sicher stellen, dass dem Aufwand ein entsprechender Nutzen gegenüber steht.

Auch Unternehmen, die bislang kein SAP-System im Einsatz haben und ein Altsystem vollständig ablösen, wählen naturgemäß den Greenfield-Weg – denn es gibt keine Systembasis, die konvertiert werden könnte.

Konkret bedeutet dies: Ein neues, sauberes S/4HANA-System wird aufgebaut, in das lediglich die wesentlichen Stammdaten und – je nach Bedarf – ausgewählte bewegungsbezogene Schlüsseldaten wie offene Posten oder Aufträge übertragen werden. Historische Belege verbleiben im bisherigen System oder werden in ein Archiv bzw. Read-Only-System überführt, um revisionssicheren Zugriff zu gewährleisten.

Hinweis Container:

- Treffen Sie diesen Schritt gut informiert, auf Basis harter Fakten und mit klarer Governance.
- Achten Sie darauf, dass die Prozessneugestaltung nahe an der Geschäftsstrategie ausgerichtet ist und fokussiert Verbesserungspotenziale adressiert, die nachweislich Mehrwert bringen – und nicht an internen IT-Vorlieben, blumigen Marketingbotschaften oder externen Beratungsinteressen.
- Denken Sie von Beginn an den Aufwand für Prozessanalyse, Prozessdesign, Implementierung und Rollout und Betrieb der Lösung mit: ist das Greenfield mit dem verfügbaren Budget und Zeitrahmen realistisch umsetzbar?
- Ein professionell geführtes Greenfield-Projekt kann ein Transformationsbeschleuniger sein – wird es jedoch unkontrolliert aufgesetzt, drohen Laufzeit- und Kostenexplosionen.

Vorteile Greenfield:

- **Prozessoptimierung:** Es ist die Gelegenheit, bestehende Prozesse zu hinterfragen und zu optimieren. Sie können sich an den neuesten Best Practices und dem SAP-Standard orientieren (Standardisierung). Sie können ebenfalls Prozesse entwerfen, die Ihr Geschäft optimal unterstützen. Unternehmen nutzen Greenfield, um Geschäftsprozess-Reengineering-Vorhaben umzusetzen und Kernprozesse – bspw. im Finanzbereich, der Planung oder der Logistik – konzernweit zu harmonisieren, zu standardisieren und zu optimieren.
- **Schrittweiser Rollout möglich:** Die Einführung kann in Etappen erfolgen, was die Umsetzung flexibler und risikoärmer gestaltet.
- **Clean System:** Ein neu implementiertes System hat keine Altlasten. Sie erhalten einen „sauberen Neuanfang" – keine überflüssigen Konfigurationen, veraltete Daten oder ungenutzten Custom Code. Dadurch entsteht ein „Clean Core" mit schlankerem Systemaufbau, was die Performance und verbessert und die Wartung vereinfacht.
- **Neue Features von Anfang an:** Da das System komplett neu aufgesetzt wird, können die neuesten S/4HANA-Funktionen, wie EWM, TM und SAP Fiori Apps direkt genutzt werden, ohne Rücksicht auf alte Eigenentwicklungen. Das ermöglicht einen schnellen Zugang zu Innovationen wie eingebetteten Analysefunktionen, KI-Copiloten und Echtzeit-Reporting.
- **Systemkonsolidierung:** Greenfield bietet sich an, wenn man mehrere Altsysteme auf ein einziges S/4HANA-System konsolidieren möchte. In einem solchen Fall entwirft man einen harmonisierten Prozessstandard und legt im neuen System eine einheitliche Organisation und Stammdatenbasis an.

Nachteile Greenfield

- **Massiver Projektaufwand:** Die Implementierung von S/4HANA im Greenfield-Ansatz erfordert erheblichen Einsatz von Fachbereich und IT – oft über mehrere Jahre hinweg. Dies führt zu hohen Kosten, insbesondere durch die umfangreiche Prozessdefinition und den schrittweisen Rollout. Weil ein hoher Anteil an Fachbereichs Involvement nötig ist, lassen sich Greenfield Projekte zu einem geringeren Mass extern vergeben als Brownfield Projekte und belasten die Organisation daher mehr.
- **Hoher Change-Aufwand:** Da alles neu ist, müssen die Nutzer erhebliche Veränderungen bewältigen. Prozesse ändern sich grundlegend, altbekannte Transaktionen fallen weg. Ohne intensive Schulung und Begleitung kann die

Akzeptanzkurve steil sein, und die Gefahr von Widerständen ist hoch (siehe Change-Management in Kap. 5).

- **Hohe Gefahr von Scope Creep:** Da Greenfield als „Neuanfang" wahrgenommen wird, besteht die Tendenz, viele zusätzliche Anforderungen einzubringen. Das erhöht Komplexität, Aufwand und Projektdauer erheblich. Hier sind eine starke Governance und der konsequente Fokus auf Business-Mehrwert unerlässlich.
- **Längerer Projektzeitraum:** Die Neuimplementierung ähnelt einer erstmaligen ERP-Einführung und umfasst Geschäftsprozess-Workshops, Systemkonfiguration, Datenbereinigung und Tests. Dies dauert meist deutlich länger als ein Brownfield Projekt – je nach Unternehmensgröße. Während des Projekts können zusätzliche Technologiesprünge und geänderte Business-Anforderungen die Umsetzung erschweren.
- **Kein Big Bang möglich:** Aufgrund des hohen Change-Aufwands ist ein sofortiger Umstieg nicht realisierbar. Stattdessen ist ein schrittweiser Rollout erforderlich, um die Umstellung effizient zu bewältigen.

Der Greenfield-Ansatz bietet sich insbesondere dann an, wenn das bestehende ERP-System entweder technisch veraltet oder stark individualisiert ist – in einem Maße, das eine Übernahme in die neue Umgebung kaum sinnvoll erscheinen lässt. Ebenso eignet sich Greenfield, wenn Ihre Geschäftsstrategie eine umfassende Harmonisierung und Modernisierung der Prozesse vorsieht, etwa weil bestehende Abläufe nicht mehr wettbewerbsfähig sind. Wenn Sie von einem Bestandssystem kommen, stellen Sie sich die selbstkritische Frage: „Wenn ich nicht aufgrund des ECC-Wartungsendes dazu gezwungen wäre – würde ich dann meine Prozesse in Greenfield-Manier neugestalten?"

3.3 Selektive Migration

Die Selektive Migration, auch als Selective Data Transition (SDT) oder Hybrid-Ansatz bezeichnet, kombiniert die Vorteile von Brownfield und Greenfield. Ziel ist es, bewährte Systemteile beizubehalten und gleichzeitig neue Funktionen gezielt einzuführen. Bei diesem Ansatz werden einige Bestandteile des bestehenden Systems übernommen (Brownfield), während andere Bereiche komplett neu aufgesetzt werden (Greenfield). Ein typisches Beispiel ist die Migration von ERP-Funktionalitäten per Brownfield-Conversion von ECC auf S/4HANA, während das Warehouse Management (WM) durch das modernere Extended Warehouse Management (EWM) ersetzt wird, um von den neuen Funktionen zu profitieren.

Ebenso können einzelne Prozesse durch ein bestehendes Greenfield-Template ersetzt werden, das an anderer Stelle im Unternehmen bereits genutzt wird, während die restlichen Prozesse aus dem Altsystem übernommen werden.

Mit dem selektiven Ansatz profitieren Sie von einer schnellen Einführung der Kernprozesse und können gleichzeitig innovative Teilprozesse einführen. Das muss nicht als „Big Bang" erfolgen, sondern kann auch schrittweise im Rollout-Verfahren passieren, quasi Brownfield plus nachgelagertes selektives Greenfield. Auf diese Weise senken Sie Komplexität und Risiko des Migrationsprojektes.

In manchen Fällen lässt sich eine selektive Migration nicht vermeiden – etwa dann, wenn Sie in Ihrem ECC-System aktuell Warehouse Management (WM) im Einsatz haben und auf Extended Warehouse Management (EWM) wechseln müssen für den Umstieg auf S/4HANA Transportation Management.

Vorteile selektiver Ansätze:

- **Balance zwischen Alt und Neu:** Selektive Migration ermöglicht es, gezielt neue Prozesse mit Business-Nutzen einzuführen und gleichzeitig bewährte Bestandteile aus dem Altsystem zu übernehmen.
- **Fokus auf Mehrwerte:** Nur Bereiche mit einem positiven Business Case werden neu erstellt, während andere Bestandteile minimalinvasiv konvertiert werden. So bleibt der Aufwand überschaubar, und die Investition konzentriert sich auf die wertschöpfenden Prozesse.
- **Selektive Datenübernahme:** Weiterhin benötigte Daten können selektiv übernommen werden, während unnötige Daten zurückbleiben. Das sorgt dafür, dass Anwender im neuen System eine relevante Datengrundlage haben, ohne unnötige Altlasten mitzuführen.
- **Sequenzierung möglich:** Sie können eine Brownfield-Conversion mit einer nachgelagerten selektiven Einführung von Greenfield-Umfängen kombinieren. Das kann bei Zeitdruck helfen, etwa dann, wenn das immer näher rückende ECC-Wartungsende kein Greenfield-Projekt mehr zulässt.

Nachteile selektiver Ansätze:

- **Kosten−/Zeitaufwand höher als Brownfield:** Durch die erhöhten Aufwendungen für das Neudesign der Greenfield-Geschäftsprozesse, Testmanagement, Change-Management und für die notwendige Datenmigration aus dem Altsystem (Mapping, Tests etc. für Teil-Übernahmen) kann der Aufwand in Summe sogar höher sein als bei einem konsequenten Greenfield.

- **Datenmigrations-Expertise erforderlich:** Nur wenige IT-Teams haben Erfahrung mit solcher hybriden Vorgehensweise, die komplette Datenmigrationen erfordern. Es wird fast immer externe Expertise (Beratungshäuser, die auf Datenmigration spezialisiert sind) benötigt. Das muss früh eingeplant werden.
- **Test- und Abstimmungsaufwand:** Wenn Teile alt und neu zusammengebracht werden, muss intensiv getestet werden, ob die Zusammenführung nahtlos funktioniert. Beispielsweise, stimmen die Belegnummernkreise? Passen die offenen Posten aus dem alten System ins neue Kontenschema? Solche Details erfordern viel Abstimmung. Ebenso sind für die Datenmigration häufig zahlreiche Testmigrationen erforderlich, bis das Verfahren einwandfrei funktioniert.

Eine selektive Migration eignet sich typischerweise für große Unternehmen oder Konzerne, die weder bei null anfangen noch alles unverändert übernehmen möchten. Besonders sinnvoll ist sie, wenn das bestehende System stark modifiziert ist, aber dennoch bestimmte Datenstrukturen oder Inhalte erhalten bleiben sollen.

Selektive Migration bietet sich auch an, wenn komplexe Systemlandschaften, Konzernstrukturen oder Konsolidierungen berücksichtigt werden müssen – etwa bei der Übernahme einzelner Datenbereiche, Buchungskreise oder Geschäftsprozesse. SAP stellt dafür technische Werkzeuge wie das SAP Migration Cockpit und die SAP Data Management & Landscape Transformation (DMLT) Services zur Verfügung.

Oft zeigt sich erst im Projektverlauf, dass ein ursprünglich geplanter Brownfield-Ansatz doch eher hybrid umgesetzt wird, weil bestimmte Komponenten neugestaltet werden müssen (z. B. weil WM durch EWM ersetzt werden muss, weil die WM-Nachfolgelösung in S/4HANA nicht die notwendigen Funktionen hat). Bleiben Sie flexibel und pragmatisch, vergessen Sie jedoch nicht, den Migrationsansatz weiterhin konsequent an Ihren strategischen Zielen auszurichten.

3.4   Entscheidungskriterien für den passenden Ansatz

Nach der Vorstellung der drei wesentlichen Migrationsstrategien stellt sich die zentrale Frage: Welcher Ansatz passt zu Ihrer spezifischen Unternehmenssituation? Es gibt keinen Königsweg – vielmehr sollten Sie die Entscheidung auf Basis klar definierter Kriterien treffen, die Ihre spezifische Unternehmenssituation reflektieren. Die folgende Übersicht bietet eine strukturierte Orientierung entlang der wichtigsten Einflussfaktoren.

Business Case und Wirtschaftlichkeit:
Der ausschlaggebende Faktor ist der Business Case. Wenn die Einführung neuer Prozesse und Funktionen einen klaren, quantifizierbaren und realistisch abschöpfbaren Mehrwert bietet, ist Greenfield grundsätzlich sinnvoll. Auch eine Brownfield-Conversion, die die Grundlage für eine zukunftsfähige SAP-Plattform legt, kann Teil eines Business Case sein.

Bei der Erstellung des Business Case sollten Sie alle relevanten Kosten realistisch kalkulieren – inklusive:

- Implementierung und Rollout
- Change-Management
- Parallelbetrieb und Infrastrukturkosten während der Projektphase
- Investitionen in die Cloud-Fähigkeit der Systemlandschaft

Zudem benötigen Sie eine realistische Einschätzung des Nutzens, der erzeugt wird, und einen Blick auf die zeitliche Verteilung der jeweiligen Effekte.

Kosten:
Die Realität zeigt, dass eine Umstellung auf S/4HANA oft keinen nachvollziehbaren Business Case mit sich bringt – sie muss dennoch gemacht werden. In diesem Fall empfiehlt sich ein kostenminimierter Ansatz. In der Regel gilt für die Kosten: Greenfield > Selektive Migration > Brownfield.

- Greenfield: Höhere Kosten aufgrund von Neuimplementierung, die umfassende Prozessanalyse- und design, eine lange Umsetzungsphase, Testing, Change Management und ggf. Rollout erfordert.
- Brownfield: Deutlich geringere Kosten durch rein technische Konvertierung des bestehenden Systems.
- Selektive Migration: Kosten liegen zwischen beiden Ansätzen, abhängig vom Umfang der Neugestaltung.

Zustand des Bestandssystems & Komplexität:
Der Ausgangszustand Ihres bestehenden SAP-Systems beeinflusst maßgeblich die Wahl des Migrationspfads:

- **Standardnahes System:**
  Wenn Ihre Landschaft aktuell und weitgehend standardkonform ist, eignet sich der Brownfield-Ansatz gut. Die technische Conversion ist meist schneller und kosteneffizient umsetzbar.
- **Stark modifiziertes System:**
  Viele Eigenentwicklungen, kundenspezifische Erweiterungen oder Add-ons – insbesondere solche ohne S/4HANA-Nachfolger – erhöhen zwar die Komplexität, schließen Brownfield aber nicht zwingend aus. Auch solche Systeme lassen sich migrieren, wenn der Custom Code im Vorfeld analysiert und angepasst wird.

Die größte Herausforderung ist nicht die Technik, sondern das Verständnis der fachlichen Logik hinter dem kundeneigenen Code. Nur so lässt sich entscheiden, was angepasst, ersetzt oder entfernt werden kann.

Empfehlung:
Führen Sie vor der Migration eine gezielte Systembereinigung durch:

- Nicht mehr genutzte Entwicklungen und Schnittstellen entfernen
- Daten archivieren und wenig genutzte Informationen auf kostengünstige Speicher auslagern

Das senkt die Komplexität, reduziert Migrationskosten und erleichtert die künftige Wartung.

Prozessfitness & Innovationswille:
Wie gut passen Ihre heutigen Prozesse noch zu den Anforderungen von morgen? Konnten Sie in letzter Zeit Anforderungen aus dem Business bzgl. neuer Geschäftsprozesse nicht erfüllen, weil Ihr Bestandssystem die notwendigen Funktionalitäten nicht bietet? Sind Ihre Abläufe effizient und wettbewerbsfähig, ist Brownfield ein logischer Weg. Wenn jedoch wesentliche Geschäftsprozesse veraltet oder inkonsistent sind, oder sie aktiv neue SAP-Standardfunktionalitäten in S/4HANA nutzen wollen, um Mehrwert für ihr Business zu generieren, sollte die Gelegenheit für ein Redesign genutzt werden – Greenfield bietet hier den größten Spielraum, gefolgt von der selektiven Migration.

Risikobereitschaft & Unternehmenskultur:
Die Wahl des Migrationspfads hängt stark von der Risikobereitschaft und der Unternehmenskultur ab. Brownfield ist in der Regel risikoärmer, da weniger Veränderungen auf einmal erfolgen – allerdings bleibt die Gefahr bestehen, veraltete

Strukturen mitzunehmen. Greenfield hingegen steht für einen mutigen Neuanfang mit modernem Setup, erfordert jedoch mehr Transformationsaufwand. Die selektive Migration bietet einen Mittelweg: gezielte Modernisierung bei gleichzeitiger Beibehaltung bewährter Bereiche.

Die Wahl des Migrationspfads hängt selten allein von technischen Faktoren ab. Entscheidend sind auch:

- Management-Commitment
- Change-Bereitschaft im Unternehmen
- Verfügbarkeit von Ressourcen

Neben Systemanalysen (z. B. SAP Readiness Check) liefern insbesondere Erfahrungswerte externer Experten wertvolle Orientierung.

In der Praxis zeigt sich häufig: für einen umfassenden Greenfield-Ansatz fehlt oft ein belastbarer Business Case. Die Konsequenz: Unternehmen verschieben die Transformation – aus nachvollziehbarer, aber riskanter Zurückhaltung.

SAP ECC ist ein Auslaufmodell, Innovationen finden auf S/4HANA statt – und das Wartungsende rückt näher.

Je später der Einstieg, desto größer der Druck. Deshalb gilt: **Besser früh entscheiden – und kontrolliert transformieren – statt in den Zeitstress zu geraten.**

▶   **Container Praxis Tipp:** Unser Rat aus der Praxis; warten Sie nicht auf den „perfekten Zeitpunkt". Entscheiden Sie sich aktiv für den Wandel, etablieren Sie S/4HANA als zukunftsfähige Plattform – und nutzen Sie die Chancen, die sie eröffnet.

Die gute Nachricht: Mit RISE with SAP im Rücken stehen Ihnen alle drei Migrationspfade offen. Sie erhalten nicht nur das Zielsystem – SAP S/4HANA in der Cloud als Managed Service – sondern auch die Werkzeuge, Services und Infrastruktur, um Ihre individuelle Transformationsreise zu gestalten. Welchen Weg Sie wählen, entscheiden Sie – gemeinsam mit Ihren Partnern und auf Basis Ihrer Ausgangslage und Ziele – RISE liefert den Rahmen, Sie bestimmen den Kurs.

Im nächsten Kapitel geht es darum, wie Sie Ihre gewählte Strategie in ein konkretes Projekt überführen – mit klarer Planung, guter Governance, passender Teamaufstellung und realistischen Meilensteinen.

Projektplanung und -durchführung

4

Sobald Strategie und Zielarchitektur definiert sind, beginnt die praktische Umsetzung. Die Migration auf SAP S/4HANA Private Cloud ist ein komplexes Vorhaben, das IT-seitig und fachlich professionell gesteuert werden muss.

In der Regel wird ein dediziertes Projektteam aufgesetzt – bestehend aus internen Fachkräften und externen Beratern. Bei der Wahl des Implementierungspartners können Unternehmen zwischen SAP selbst, Systemintegratoren und spezialisierten Cloud-Dienstleistern wählen. Wichtig dabei:

- SAP-Zertifizierung
- Erfahrung mit Ihrem gewählten Migrationsansatz
- Nachweisbare Projekterfolge
- Klares Zusammenarbeitsmodell

Der Austausch mit anderen SAP-Kunden ist oft sehr hilfreich – viele Unternehmen stehen vor ähnlichen Herausforderungen und teilen gerne ihre Erfahrungen.

SAP empfiehlt für S/4HANA-Projekte die SAP Activate-Methodik, mit den Phasen Discover – Prepare – Explore – Realize – Deploy – Run. Für die Praxis nutzen viele Organisationen einen pragmatischeren Dreiklang aus: Vorbereitung – Implementierung – Go-Live, angereichert mit den zentralen Aktivitäten aus SAP Activate.

© Der/die Autor(en), exklusiv lizenziert an Springer-Verlag GmbH, DE, ein Teil von Springer Nature 2025
C. Jordan, D. Jovic, *Erfolgreich zu SAP S/4HANA in der Cloud*, essentials, https://doi.org/10.1007/978-3-662-72333-3_4

4.1   Vorbereitung und Analyse

Eine gründliche Planungsphase ist der Schlüssel, um böse Überraschungen im Projektverlauf zu vermeiden. In dieser Phase werden die Grundlagen gelegt:

Business Case und Zielsetzung

Falls noch nicht geschehen, sollten ein klarer Business Case und ein Zielkatalog definiert werden. Warum führen wir das Projekt durch? Was wollen wir damit erreichen und wie erkennen wir, dass wir es erreicht haben? Welche Kennzahlen (KPIs) sollen verbessert werden, zum Beispiel IT-Kosten senken, Prozessdurchlaufzeiten verkürzen, neue Prozesse implementieren oder bessere Entscheidungsgrundlagen schaffen? Oder einfach S/4HANA kostenminimal implementieren?

Mission klar formulieren

Die Zielsetzung bestimmt die Umsetzungsstrategie und die Prioritäten während der gesamten Projektphase. Definieren Sie eine klare Mission, die allen Beteiligten Richtung gibt. Dies kann z. B. für ein Brownfield-Projekt lauten: „Wir tun das technisch Notwendige, um auf S/4HANA und in die RISE Private Cloud zu migrieren." Es ist wichtig, sich im Projektverlauf immer wieder auf die Mission und die ihr zugrunde liegenden Ziele und Prioritäten zu besinnen, um den sogenannten „Scope Creep" – das unkontrollierte Ausweiten des Projektumfangs – zu vermeiden.

Projektorganisation

Eine wirksame Projektorganisation ist entscheidend für den Erfolg Ihrer Transformation. An der Spitze steht der Lenkungsausschuss, der strategische Entscheidungen trifft und bei Eskalationen unterstützt. Die operative Steuerung übernehmen Projektleitungen aus IT und Fachbereich. Bei parallelen Projekten empfiehlt sich ein übergeordnetes Programm-Setup, um Ressourcen, Abhängigkeiten und Methoden zu koordinieren.

Nutzen Sie vorhandene Strukturen und Kompetenzen. Gerade bei Brownfield-Projekten bringen viele Mitarbeitende bereits das nötige Know-how mit. So vermeiden Sie komplexe, schwer rückbaubare Projektorganisationen.

Nicht alle Rollen müssen Vollzeit besetzt sein – aber regelmäßig verfügbar und klar benannt. Der Projekterfolg basiert auf dem Zusammenspiel eines erfahrenen Teams aus Fachbereichen und einem professionellen Migrationsteam.

Bedenken Sie: Sie führen nicht nur S/4HANA ein, sondern wechseln zugleich in die Cloud. Ihre Projektorganisation sollte daher folgende Kompetenzen abdecken:

- Technische SAP- und Cloud-Expertise
- Fachliche Prozesskenntnis und Custom Code-Verständnis
- Schnittstellen-, Sicherheits- und Architekturwissen
- Projektleitungserfahrung
- Change-, Test- und Stakeholdermanagement

Struktur und Zusammenarbeit
Richten Sie eine schlanke, gut strukturierte Meeting-Landschaft ein. Sie sorgt für Orientierung, Transparenz und vermeidet unnötigen Aufwand. Dazu zählen regelmäßige Lenkungskreise zur Steuerung und Priorisierung.

Wichtig: Alle Projektbeteiligten sollten wissen, wer für welche Themen zuständig ist – und diese Ansprechpersonen müssen leicht erreichbar sein. Sichtbarkeit und Verfügbarkeit der Expert:innen sind zentrale Erfolgsfaktoren.

▶ **Praxis-Tipp: Effiziente Projektorganisation**
   1. Schlanke Strukturen: Nutzen Sie vorhandene Ressourcen und vermeiden Sie unnötige Hierarchieebenen.
   2. Lenkungsausschuss aktiv einbinden: Der Lenkungsausschuss sollte regelmäßig unterstützen und bei Engpässen entscheiden.
   3. Eigenverantwortung ermöglichen: Geben Sie dem Projektteam Spielraum innerhalb klarer Ziele und die Unterstützung, die es benötigt.
   4. Rollen früh definieren: Klären Sie früh, ob es ein IT-getriebenes oder fachbereichsübergreifendes Projekt ist – das erleichtert Planung und Steuerung.

Systemanalyse

Nutzen Sie für den Umstieg von ECC auf S/4HANA Analysewerkzeuge wie **den SAP Readiness Check** und das **ABAP Test Cockpit (ATC),** um Ihr Altsystem systematisch zu bewerten:

- **Funktionale Änderungen:** Der Readiness Check zeigt sogenannte *Simplification Items* – Funktionen, die in S/4HANA entfallen oder sich verändert haben. Sie erfahren, welche Prozess- und Datenanpassungen notwendig werden.
- **Systemnutzung:** Die Analyse liefert Nutzungsdaten auf Objekt-Ebene – hilfreich zur Priorisierung bei Anpassungen und Tests.
- **Custom Code:** Der ATC identifiziert Code, der durch neue Datenmodelle in S/4HANA oder Technologien wie HANA anzupassen ist. Achten Sie auf die Performance des umgestellten Custom Codes bereits in der Testphase.
- **Add-Ons:** Prüfen Sie SAP- und Fremdanbieter-Add-Ons auf Kompatibilität mit S/4HANA bzw. RISE. Nicht alles ist übertragbar – Anpassungen sind oft nötig.
- **Schnittstellen:** Dokumentieren Sie alle Schnittstellen – inkl. Technologie, Richtung, Partner. In der Cloud ist es erforderlich, Cloud fähige Integrationstechnologien einzusetzen und diese entsprechend verschlüsselt und sicher zu implementieren.
- **Technische Grundlagen:** Neben Schnittstellen sind auch Jobs, Datenvolumen und Betriebssystemzugriffe zu prüfen. In der Cloud gelten Einschränkungen – z. B. bei systemnahen Funktionen – die Anpassungen erfordern können.

Frühe Analyse schafft Planungssicherheit – beginnen Sie die Analyse der Integrationstechnologien frühzeitig – idealerweise vor Projektstart. So bleibt genügend Zeit, notwendige Anpassungen vorzunehmen. Eine fundierte Systemanalyse ist die Basis, um technischen und funktionalen Anpassungsbedarf realistisch einzuschätzen und das Projekt entsprechend zu planen.

Solche Analysen schaffen Transparenz über Umfang und Komplexität der Transformation.

- Bei **Brownfield-Vorhaben** steht die technische Analyse im Fokus: Welche Änderungen sind für Schnittstellen, Custom Code und Infrastruktur notwendig?
- Bei **Greenfield-Ansätzen** dominiert die prozessuale Analyse: Welche Prozesse sollen beibehalten, optimiert oder ersetzt werden?

Zielarchitektur entwerfen

Bevor Sie die Transformation starten, sollten Sie eine klare Zielarchitektur entwerfen. Diese bildet die Grundlage für die Umsetzung und hilft, die richtigen Entscheidungen frühzeitig zu treffen.

Wichtige Fragen dabei sind:

- **SAP-Lösungen:** Welche Komponenten wollen Sie zukünftig nutzen? Kommen SAP-SaaS-Produkte und die SAP BTP als Integrations- und Innovationsplattform zum Einsatz?
- **Cloudanbieter:** Mit welchem Hyperscaler (z. B. Azure, AWS, GCP) arbeiten Sie? RISE erlaubt auch Multi-Cloud-Ansätze und europäische Anbieter.
- **Systemintegration:** Wie wird S/4HANA in Ihre bestehende IT-Landschaft eingebettet? Welche Schnittstellen bleiben, welche müssen modernisiert werden?
- **Systembereinigung:** Welche Alt-Systeme können mit dem neuen Setup entfallen? Planen Sie deren Stilllegung gezielt ein, um Komplexität und Kosten zu reduzieren.
- **Transformationsetappen:** Erwägen Sie einen Phasenansatz statt eines Big Bangs – das senkt Risiken und erleichtert die Anpassung.

Ein grobes Zielbild ist notwendig, um eine Roadmap zu entwickeln und die Migration zielgerichtet umzusetzen. Es ist auch entscheidend für die Vertragsgestaltung mit RISE – nur durch klare Anforderungen können passende Vertragsbestandteile festgelegt werden. Flexibilität und eine klare Vision gehen dabei Hand in Hand.

Lizenz- und Vertragsklärung

Obwohl RISE with SAP zentrale Komponenten wie Softwarelizenz, Infrastruktur und Basisbetrieb bündelt, bleiben wichtige Punkte vertraglich zu klären:

- **Cloud-Infrastruktur:** Klären Sie Anzahl und Art der SAP-Systeme sowie Systemgrößen, Verfügbarkeiten und Laufzeit. Nur so lassen sich Infrastrukturleistungen und Abnahmeverpflichtungen sinnvoll planen.
- **Betrieb und Service Levels:** Prüfen Sie, ob zusätzliche Betriebsleistungen oder höhere SLAs nötig sind – insbesondere bei intensiver BTP-Nutzung.
- **Zusatzleistungen:** Vereinbaren Sie bei Bedarf frühzeitig Leistungen wie Migrationstools, Architekturberatung oder Schulung.
- **Parallelbetrieb:** Wenn On-Premises- und Cloud-Systeme zeitweise parallel laufen, muss dies vertraglich abgedeckt sein – inkl. Puffer für Verzögerungen.

- **Implementierungspartner:** Falls Sie nicht direkt mit SAP als Implementierungspartner arbeiten, benötigen Sie zusätzlich einen Vertrag mit einem Migrationsdienstleister. Dieser sollte klare Regelungen zu Leistungen, Zuständigkeiten und messbaren Ergebnissen enthalten. Transparente Verantwortlichkeiten sind wichtig, um Lücken und Verzögerungen zu vermeiden.

Klärungen sollten vor Projektstart abgeschlossen sein, um Engpässe und Verzögerungen in der Umsetzung zu vermeiden. Ziel ist ein kohärentes Vertragswerk – RISE sowie Partnerverträge sollten aufeinander abgestimmt und möglichst gleichzeitig finalisiert werden.

Zeitplanung und Meilensteine

Eine realistische Zeitplanung ist essenziell für den Projekterfolg. Erstellen Sie einen belastbaren Projektplan mit praxisnahen Zeitansätzen und holen Sie sich dafür erfahrene Unterstützung – etwa durch Vergleichswerte aus früheren Projekten.

Berücksichtigen Sie ausreichend Puffer, z. B. für Fit-Gap-Analysen, Testphasen, Change-Management und Datenbereinigung – diese dauern meist länger als gedacht.

Legen Sie Cutover-Termine frühzeitig fest, idealerweise auf verlängerte Wochenenden oder geplante Produktionspausen, um die Business-Downtime gering zu halten. Nutzen Sie Automatisierung (z. B. Migrationstools, Testautomatisierung, digitale/virtuelle Schulungen), um Zeit zu sparen – und parallelisieren Sie Prozesse, wo sinnvoll.

Stimmen Sie den Masterplan früh im Lenkungsausschuss ab, um eine verbindliche und realistische Grundlage für das Projekt zu schaffen.

Stakeholder-Management

Noch bevor die eigentliche Implementierung beginnt, sollten Sie eine durchdachte Kommunikationsstrategie aufsetzen (siehe auch Kap. 5). Informieren Sie alle relevanten Stakeholder frühzeitig über das Projekt, seine Ziele und die erforderliche Mitarbeit.

Schaffen Sie Akzeptanz, indem Sie den Nutzen, die Notwendigkeit und die strategische Bedeutung der Transformation betonen. Gerade die Führungskräfte müssen überzeugt und eingebunden werden, damit sie ihre Teams aktiv unterstützen und zur Mitarbeit motivieren.

Organisieren Sie Onboarding-Veranstaltungen und stellen Sie Informationspakete bereit, um die Ziele und den Mehrwert des Projekts verständlich zu vermitteln. Ziel ist es, die Stakeholder nicht nur zu informieren, sondern aktiv einzubinden und zu Botschaftern des Vorhabens zu machen.

4.2 Implementierungsphase: Aufbau, Konfiguration und Tests

Die Implementierungsphase umfasst alle Aktivitäten zum Aufbau, Test und zur Vorbereitung des Go-Live des neuen Systems. Je nach Migrationsstrategie unterscheiden sich die Aufgaben im Detail – viele Kernarbeiten sind jedoch ähnlich.

Design und Konfiguration (Explore)
In der Explore-Phase werden in Workshops die Soll-Prozesse definiert. Bei Greenfield erfolgt dies über Fit-to-Standard-Workshops anhand von SAP-Demos. Anpassungen am Standard werden nur vorgenommen, wenn ein klarer unternehmerischer Nutzen besteht.

Bei Brownfield-Projekten liegt der Fokus auf Unterschieden zwischen ECC und S/4HANA, etwa durch das Businesspartner-Konzept, neue Finanzstrukturen oder HANA-spezifische Anpassungen. Die notwendigen Anpassungen werden besprochen und umgesetzt.

Realisierung und Tests (Build & Testing)
Das System wird konfiguriert und Eigenentwicklungen umgesetzt. Bei Brownfield-Projekten empfiehlt sich ein Sandbox-Konvertierungslauf zur Validierung. Danach werden Schritt für Schritt alle Teile der Systemlandschaft konvertiert. Vor dem finalen Go-Live erfolgt idealerweise ein Dry-Run als Generalprobe unter Produktivbedingungen.

Parallel beginnt die Datenmigration: Migrationswerkzeuge werden eingerichtet und Daten-Mappings definiert. Ausreichende Testläufe sind entscheidend für eine sichere Produktivsetzung.

Typische Teststufen:

- **Developer-Tests:** Prüfung von Konfiguration und Custom Code.
- **Systemintegration:** Tests aller Schnittstellen, inkl. Performanceaspekte. Die Einbindung von Partnersystemen und realistischen Testdaten ist essenziell.

- **User Acceptance Test (UAT):** Fachanwender prüfen Prozesse und Usability. UATs zeigen, dass das System wie gewünscht funktioniert und sind ein wichtiges Mittel zur Vertrauensbildung vor dem Go-Live.

Prüfen Sie, ob Sie die Testphasen durch die Nutzung von Tools zur Testautomatisierung beschleunigen können. Denken Sie daran, dass das Testen regelmäßig erforderlich ist – nicht nur bei der RISE-Migration, sondern bei jeder Art von Upgrades, Weiterentwicklungen etc. Häufige Upgrades wiederum sind ein Muss, um neue Funktionalitäten und Innovationen konsumieren zu können.

Defekte müssen in der Testphase transparent dokumentiert und zeitnah behoben und nachgetestet werden. Klare Verantwortlichkeiten und Nutzung von Testmanagement-Tools sichern Qualität und Nachverfolgbarkeit.

Steuerung und Änderungsmanagement

Regelmäßige Statusberichte (z. B. im Zwei-Wochen-Rhythmus) halten das Management informiert. Agiles Vorgehen mit Sprints und Showcases unterstützt die Akzeptanz. Späte Änderungswünsche sind oft unvermeidbar – ein definierter Scope-Change-Prozess stellt sicher, dass sie strukturiert bewertet und gesteuert werden.

4.3   Go-Live und Übergang in den Betrieb

Der Go-Live markiert den entscheidenden Schritt vom alten System zur neuen S/4HANA-Cloud-Lösung. Eine sorgfältige Vorbereitung minimiert Risiken und sichert einen reibungslosen Übergang.

Ein detaillierter Cutover-Plan beschreibt alle Maßnahmen rund um den Umschaltzeitpunkt: finale Datenübernahme, Downtime, Migration, Datenvalidierung, Umschalten der Schnittstellen und finale Abnahme durch die Fachbereiche. Dieser Plan muss frühzeitig abgestimmt und regelmäßig überprüft werden. Auch Notfallszenarien – etwa bei Verzögerung der Migration – sind einzuplanen.

Vor dem Go-Live sollte ein strukturierter Betriebsbereitschafts-Check erfolgen. Dieser umfasst:

- vollständige Systemdokumentation (inkl. Schnittstellen),
- abgestimmte Betriebs- und Wartungsprozesse,
- konfigurierte Sicherheitseinstellungen,
- erfolgreiche Performance- und Lasttests,
- validierten Cutover-Plan,

- Kommunikationsplan und
- definierten Hypercare-Support.

Alle Punkte sollten mit Stakeholdern abgestimmt und dokumentiert sein – auch im Hinblick auf Prüfungsanforderungen.

Dry Runs und Kommunikation

Ein oder mehrere Dry Runs (Testmigrationen unter Echtbedingungen) sind Pflicht, um Zeitbedarf und Prozessstabilität zu ermitteln. Parallel sollte die Anwender-kommunikation vorbereitet werden: Wann findet der Systemwechsel statt? Welche Einschränkungen sind zu erwarten? Wer steht als Ansprechpartner zur Verfügung.

Hypercare-Phase

Unmittelbar nach Go-Live folgt die Hypercare-Phase in den ersten 2–4 Wochen des Produktivbetriebs, ggf. inkl. Monatsabschluss. Das Projektteam betreut die Fachbereiche aktiv, behebt Störungen zügig und stabilisiert den Betrieb und die Performance. Laufendes Monitoring, schnelle Reaktionszeiten und enge Abstimmung sind essenziell. So gewinnen die Nutzer Vertrauen in die neue Lösung und können sich auf das Tagesgeschäft konzentrieren.

Übergang in den Regelbetrieb

Sobald das System stabil läuft, erfolgt die Übergabe an die Betriebsorganisation. SAP verantwortet im RISE-Modell Infrastruktur, Backups und Basisbetrieb. Das interne Team konzentriert sich auf Anwenderbetreuung, Berechtigungen und Ko-ordination mit SAP. Die Rollen verschieben sich – Architektur, Sicherheit und Plattformsteuerung gewinnen an Bedeutung.

Kontinuierliche Weiterentwicklung

Nach dem Go-Live beginnt die kontinuierliche Verbesserung: neue Funktionen, Release-Upgrades, KI-Services (z. B. Joule) und digitale Innovationen können sukzessive eingeführt werden. Eine Clean-Core-Architektur erleichtert diese Weiterentwicklung.

Jährlich erscheint ein Hauptrelease, ergänzt durch kleinere Feature Packs. Planen Sie regelmäßige Upgrades fest ein – organisatorisch, technisch und fachlich. Stellen Sie sicher, dass Ihre Organisation, Testprozesse und Tools so aufgestellt sind, dass neue Funktionen effektiv geprüft und eingeführt werden können.

Wichtig ist ein agiles Release-Management, das neue Features bewertet, testet und effizient in den Betrieb integriert:

- Wer ist für die Bewertung und das Testen neuer Funktionen verantwortlich?
- Nach welchen Kriterien und wann werden sie in das Produktivsystem übernommen?

Im RISE-Modell übernimmt SAP zwar den technischen Teil der Updates, doch Freigabe, Tests und Einführungsplanung liegen weiterhin bei Ihnen.

Change-Management als Erfolgsfaktor

5

Der wichtigste Erfolgsfaktor bei der S/4HANA-Transformation ist nicht die Technik, sondern der Mensch. Selbst bei einer Brownfield-Conversion mit geringem Change Impact braucht es aktives Change-Management – und noch mehr bei einem Greenfield-Ansatz mit umfassenden Veränderungen. Starten Sie große Transformationen nur dann, wenn der Nutzen realistisch und klar erkennbar über dem Aufwand liegt.

▶ **Container Praxis Tipp** Trennen Sie das technisch Notwendige (S/4HANA vor ECC-Wartungsende, Cloud-Zielarchitektur) vom fachlich Wünschenswerten. Formulieren Sie eine klare Mission und tun Sie das, was Ihren strategischen Zielen wirklich dient.

Technik scheitert selten an sich selbst, sondern an fehlender Akzeptanz: Mitarbeiter müssen Gewohnheiten ändern, neue Oberflächen bedienen, Verantwortung abgeben oder neue Aufgaben übernehmen. Ohne Change-Management drohen Ablehnung, geringe Nutzung, ineffiziente Prozesse oder unklare Zuständigkeiten.

Veränderungen lösen Unsicherheit aus: „Was bedeutet das für meinen Job?" – „Wird alles komplizierter?" – „Geht mein Wissen verloren?" Ignorieren Sie diese Sorgen nicht. Aus passivem Widerstand kann aktiver werden: mangelnde Mitarbeit, verzögertes Feedback oder Blockadehaltung von Key Usern und internen Experten.

Doch es gibt auch Rückenwind: Viele wissen, dass SAP ECC ausläuft und sehen in S/4HANA eine Chance auf moderne Technologie und neue Skills. Greifen Sie diesen positiven Impuls auf. Früh sichtbare Erfolge schaffen Vertrauen und helfen, auch Zögernde zu überzeugen. Führungskräfte sollten daher die menschliche Seite genauso ernst nehmen wie die technische Umsetzung.

Hier einige Kernempfehlungen für erfolgreiches Change-Management in solchen Großprojekten:

Frühzeitige Einbindung
Beziehen Sie Betroffene möglichst früh ein. Noch in der Planungsphase sollten Vertreter der zukünftigen Benutzergruppen in Workshops ihre Sicht einbringen dürfen. Menschen akzeptieren Veränderungen leichter, wenn sie das Gefühl haben, mitgestalten zu können. Ein etabliertes Mittel ist das Key-User-Konzept: in jedem Fachbereich werden ein oder mehrere erfahrene Mitarbeiter als Key User ins Projektteam geholt. Sie fungieren als Bindeglied zwischen Projekt und restlicher Belegschaft. Da sie „von den eigenen Leuten" sind, genießen sie Vertrauen und können Informationen ggf. besser transportieren als externe Berater. Außerdem bauen sich Key User schon selbst Know-how auf und können später als Trainer dienen.

Klare Kommunikation der Vision und Vorteile
Das Management muss ein realistisches und pragmatisches Zielbild vermitteln: Warum transformieren wir auf S/4HANA und RISE? Die Plattform wird meist als notwendige Modernisierung verstanden – vergleichbar mit Investitionen in Infrastruktur wie Brücken oder Stromnetze. Sie ist die Basis für künftige Innovation. Kommunizieren Sie nicht nur Sachzwänge wie das Ende des ECC-Supports, sondern auch Chancen: Automatisierung, moderne Prozesse, Fokus auf wertschöpfende Aufgaben. Gleichzeitig gilt: Herausforderungen nicht verschweigen – Ehrlichkeit stärkt Vertrauen und Glaubwürdigkeit.

Je nach Migrationsstrategie liegt der Fokus entweder auf neuem Businessnutzen oder auf einer schnellen, kosteneffizienten Plattformumstellung. Daraus ergibt sich eine klare Mission, an der sich Ihre Kommunikationsstrategie orientieren sollte. Identifizieren Sie die betroffenen Stakeholder frühzeitig und sorgen Sie für eine transparente und zielgruppengerechte Kommunikation. Das schafft Vertrauen und erhöht die Akzeptanz.

Führungskräfte in Verantwortung nehmen
Transformation ist eine Führungsaufgabe. Change-Management ist nicht allein Aufgabe einer Stabsstelle – vor allem die direkten Vorgesetzten der betroffenen Mitarbeiter müssen den Wandel aktiv unterstützen. Schulen Sie Ihre Führungskräfte dahingehend, dass sie als Change Agents wirken: Sie sollen in Team-Meetings über das Projekt informieren, Feedback der Mitarbeiter aufnehmen und

an Projektleitung weitergeben, Vorbehalte ernst nehmen und positiv beeinflussen. Wenn das Management skeptisch ist, werden die Mitarbeiter Ihrem Vorhaben möglicherweise auch reserviert gegenüberstehen.

Schulungs- und Supportkonzept
Rechtzeitig vor dem Go-Live müssen die zukünftigen Nutzer geschult werden. Setzen Sie auf praxisnahe Schulungen, möglichst geleitet von internen Key Usern, damit die Hemmschwelle sinkt. Mit innovativen Tools, die auf virtuelle Weise und on-demand Lerninhalte zur Verfügung stellen, können Sie Schulungen skalieren, permanente Unterstützung durch Trainingswerkzeuge nachhaltig etablieren und Bedienungsfehler vermeiden.

Wandel der IT-Rolle im Unternehmen durch RISE
Mit RISE with SAP wandelt sich die Rolle der internen IT: Der Fokus verschiebt sich von Betrieb hin zu Steuerung, Architektur und Innovation. Infrastruktur und Basisbetrieb übernimmt SAP – die IT-Abteilung wird zum Partner-Manager, Enabler und Gestalter.

Gefragt sind neue Kompetenzen: Cloud-Architektur, Integration, Netzwerk, Security und Technologien wie KI. Die interne IT muss in der Lage sein, RISE aktiv zu steuern, SAP fachlich zu challengen und neue Funktionalitäten sinnvoll einzusetzen.

RISE ist keine „Outsourcing-Blackbox", sondern eine Plattform, die weiterentwickelt und gestaltet werden will. Unternehmen benötigen dafür strategischen Überblick, technisches Know-how und klare Governance-Strukturen – insbesondere in modularen Cloud-Architekturen.

Für Unternehmen mit bereits ausgelagertem Betrieb ändert sich wenig. Für alle anderen ist der Wandel substanziell und sollte aktiv begleitet werden – mit Fokus auf Kompetenzaufbau, Change-Management und klaren Rollen.

Praxisbeispiel – Firma Münchinger AG   6

Die Firma Münchinger AG ist ein fiktives, aber praxisnahes Beispielunternehmen. Der Produktions- und Handelsbetrieb aus München-Schwabing nutzt seit über 18 Jahren SAP ERP (ECC 6.0). 2025 steht die Entscheidung an: Umstieg auf SAP S/4HANA – und erstmals der Schritt in die Cloud mit RISE with SAP. Das folgende Kapitel zeigt Ausgangslage, Herausforderungen und den Verlauf der Transformation.

6.1 Ausgangslage und Herausforderungen

Die IT-Landschaft der Münchinger AG war typisch für langjährige SAP-Kunden: Ein zentrales ECC 6.0-System auf eigener Infrastruktur, ergänzt durch zahlreiche Eigenentwicklungen und veraltete Schnittstellen – u. a. Flat-Files, ein altes PI-System und FTP-basierte (File Transfer Protocol) Anbindungen an Partner. Der hohe Anteil an kundeneigenem Code und die lückenhafte Dokumentation erschwerten Änderungen und Upgrades.

Zudem stieg der Betriebsaufwand: Das System war störanfällig, wartungsintensiv und bot kaum Anschluss an moderne Technologien wie Fiori, KI oder integrierte Analytics. Das IT-Team war vorrangig mit Betrieb beschäftigt – nicht mit Wertschöpfung.

Vor diesem Hintergrund entschied der Vorstand 2025 die Migration zu SAP S/4HANA mit RISE, mit folgenden Zielen:

- Abschied vom Eigenbetrieb: Auslagerung der Infrastruktur und SAP-Basis an SAP zur Steigerung von Resilienz und Effizienz.

- Nutzung neuer Technologien: Fiori, KI, integrierte Planung, Analytics.
- Modernisierung der Schnittstellen mit der SAP Integration Suite.
- Reduktion des Custom Codes um mindestens 30%.
- Schrittweise Migration: Erst die technische Umstellung, dann gezielte Innovation.

Ein zentrales Risiko war das Change-Management: Mitarbeitende fürchteten Kontrollverlust, Einschränkungen bei Sonderprozessen und den Wegfall bewährter Eigenentwicklungen.

6.2   Strategie und Vorgehensweise der Migration

Die Münchinger AG entschied sich nach Analyse der Ausgangslage für einen zweistufigen Migrationsansatz, begleitet von einem externen SAP-Beratungspartner:

Phase 1 Technische Conversion (Brownfield) des Kern-ERP in die SAP S/4HANA Private Cloud – verbunden mit einem gezielten Clean-up von Custom Code, Altdaten und Schnittstellen. Ziel war ein schlankes, upgradefähiges Cloud-System mit reduzierten Betriebs- und Infrastrukturkosten.

Phase 2 In den folgenden 6–12 Monaten sollten ein neues Lagerverwaltungssystem eingeführt, verbleibende Schnittstellen auf die SAP BTP überführt und eine neuer Produktkonfigurator entwickelt werden.

▶   Diese Aufteilung reduzierte Risiken und erlaubte es, standardisierte SAP-Transformation mit gezielter Innovation zu kombinieren.

Im Vorfeld wurden 250 kundeneigene Programme geprüft: 70 mangels Nutzung entfernt, 50 durch Standard ersetzt. 130 Programme blieben, davon 30 geschäftskritisch. Die bisherige Konfigurator-Lösung wurde zunächst übernommen; eine neue Lösung ist in Phase 2 geplant.

Datenmigration Obwohl alle Daten übernommen wurden, erfolgte eine gründliche Bereinigung von Dubletten und Altstammdaten.

Schnittstellen Kritische Verbindungen wurden modernisiert und über die SAP Integration Suite angebunden – weg von FTP, hin zu sicheren API- und SFTP-Lösungen.

Projektstart Juli 2025, Go-Live: Juli 2026. Team aus internen und externen Kräften sowie 10 Key Usern. Workshops mit Endanwendern begleiteten den Change-Prozess, insbesondere im Lager.

Typische Herausforderungen während der Realisierung

- Abstimmungsprobleme bei der Umsetzung des Business Partner-Konzepts führten zu Systeminkonsistenzen, die Anpassungen mussten zurückgerollt und nachgearbeitet werden.
- Alte, undokumentierte Schnittstellen wurden übersehen und waren nicht cloudfähig – kurzfristige Umbauten waren nötig.
- Anpassungen im Custom Code verzögerten sich mangels Know-how zu Erläuterung der Altentwicklungen.
- Die Testfälle vom letzten Upgrade reichten nicht aus, um den Testumfang abzubilden. Fehler wurden spät erkannt, Nacharbeiten in der Hypercare-Phase waren nötig.
- Die neue Fiori-Benutzeroberfläche wurde anfangs schlecht angenommen – gezieltes Training der Endanwender half.

Go-Live Erfolgreich an einem Wochenende durchgeführt. Kleinere Probleme – etwa ein Mapping-Fehler und Berechtigungsdefizite – wurden durch das Hypercare-Team rasch gelöst.

Erster Mehrwert Die Finanzbuchhaltung profitierte früh von optimiertem Monatsabschluss und KI-gestützter Rechnungsverarbeitung über einen BTP-Service.

6.3   Ergebnisse und Lessons Learned

Sechs Monate nach dem Go-Live zieht die Münchinger AG ein positives Fazit:

- **Technisch stabil:** S/4HANA Private Cloud läuft performant, SAP übernimmt Betrieb und Infrastruktur, die interne IT steuert aktiv als Hauptansprechpartner für SAP.

- **Verbesserte Integration:** Die Echtzeit-Schnittstellen via Integration Suite erhöhen u. a. die Lagertransparenz im Vertrieb.
- **Custom Code reduziert:** 40% Eigenentwicklungen wurden eingespart – nur wenige Funktionen mussten reaktiviert werden.
- **Organisatorischer Wandel gelungen:** Key User fördern Akzeptanz, erste Innovationen auf Basis der BTP werden pilotiert.
- **Kostenvorteile:** Altsysteme abgeschaltet, Cloud-Ressourcen effizient genutzt, IT-Kapazitäten werden für Business-Innovation freigesetzt.

Phase 2 (neues Lagersystem, Produktkonfiguration auf BTP) befindet sich in Umsetzung.

Lessons Learned – Management-Perspektive
- **Schrittweise vorgehen:** Die Fokussierung auf den ERP-Kern (Brownfield) machte das Projekt steuerbar – spätere Erweiterungen (z. B. Lager) wurden bewusst nachgelagert.
- **Früh aufräumen:** Die Bereinigung von Custom Code, Stammdaten und Schnittstellen war entscheidend für einen reibungslosen Go-Live.
- **Menschen mitnehmen:** Klare Kommunikation und Trainings stärkten das Vertrauen. Überzeugte Key User wirkten als Multiplikatoren.
- **SAP-Zusammenarbeit erleichtert:** Mit RISE war SAP zentraler Ansprechpartner, Probleme konnten schnell adressiert werden.
- **Innovation ermöglichen:** Die neue Plattform schafft technische und organisatorische Voraussetzungen für kontinuierliche Weiterentwicklung.

Fazit　Ein modernes ERP-System in der Cloud ist kein Selbstzweck, sondern eine strategische Investition in Zukunftsfähigkeit, Skalierbarkeit und Flexibilität. Das Beispiel der Münchinger AG zeigt, dass auch komplexe Transformationsprojekte gelingen können – wenn sie mit Augenmaß, Struktur und einem klaren Zielbild durchgeführt werden.

Fazit und Ausblick 7

S/4HANA und RISE sind eine strategische Notwendigkeit – das ergibt sich aus der Produktstrategie von SAP und der Tatsache, dass Unternehmen SAP-Systeme häufig in all ihren Kernprozessen hochintegriert einsetzen. SAP ECC ist ein Auslaufmodell, und RISE ist künftig die Art, wie SAP ERP in der Private Cloud konsumiert wird – mit Infrastruktur, Betrieb und Software aus einer Hand von SAP.

Denken Sie von Beginn an die BTP und relevante SaaS-Lösungen mit – das Zielbild der SAP-Cloud ist modular aufgebaut, mit der BTP als zentraler Integrations- und Innovationsplattform. Der Schritt in die Cloud schafft Flexibilität, Resilienz und Freiräume für Ihr Kerngeschäft.

Die entscheidende Frage ist nicht, ob, sondern wie Sie auf RISE migrieren. Wo ein belastbarer Business Case vorliegt, bietet sich z. B. eine Greenfield-Implementierung an. Fehlt dieser, ist eine minimalinvasive Brownfield-Migration der pragmatische Weg – in der Regel innerhalb eines Jahres umsetzbar.

Ein schrittweises Migrationsvorgehen reduziert Komplexität und Risiko und schützt vor überdimensionierten Projekten. Nach dem Go-Live können Sie auf Basis der modernen Cloud-Plattform agil weiterentwickeln. Viele Unternehmen berichten, dass Innovationen mit S/4HANA in der Cloud schneller greifbar und nutzbar werden.

SAP entwickelt die Cloud-Welt kontinuierlich weiter – mit KI, Automatisierung, neuen SaaS-Lösungen und einem wachsenden BTP-Angebot. Die Integration über Unternehmensgrenzen hinweg gewinnt an Bedeutung: Kunden erwarten End-to-End-Digitalisierung, und digitale Supply Chains erfordern Vernetzung. Cloud-basierte Architekturen schaffen dafür die Grundlage.

C. Jordan, D. Jovic, *Erfolgreich zu SAP S/4HANA in der Cloud*, essentials, https://doi.org/10.1007/978-3-662-72333-3_7

Wer jetzt den Schritt geht, wie in diesem Essential beschrieben, baut das digitale Fundament für die nächsten Jahrzehnte SAP-Nutzung. Darauf lässt sich aufsetzen: Seien es KI-Assistenten, IoT-Szenarien in der Produktion, Cloud-Plattformen mit Geschäftspartnern, oder mobile-first Anwendungen für Ihre Mitarbeiter – mit einem modernen Cloud-ERP und BTP im Rücken können Sie solche Vorhaben viel schneller realisieren. Unternehmen, die den Wandel verschlafen, könnten Schwierigkeiten bekommen, wenn ihre Systeme nach 2030+ nicht mehr unterstützt werden und der Wechsel dann im Hau-Ruck erfolgen muss.

Abschließend möchten wir betonen

Eine SAP-Cloud-Transformation erfordert Mut und Engagement, doch die Erfahrungen vieler Unternehmen – und unser Praxisbeispiel – zeigen, dass sie machbar ist und sich lohnt. Als Entscheider:in haben Sie die Aufgabe, diesen Wandel anzustoßen und zu steuern. Nutzen Sie die strategischen Erkenntnisse aus diesem Essential, um Ihr Projekt zu planen. Holen Sie sich die richtigen Partner ins Boot, fokussieren Sie auf das, was Ihr Unternehmen voranbringt, und behalten Sie die Menschen im Mittelpunkt. Dann wird Ihre RISE with SAP-Reise nicht nur ein Technologieprojekt, sondern ein Meilenstein in der Weiterentwicklung Ihres Unternehmens.

Was Sie aus diesem *essential* mitnehmen können

- Sie verstehen die strategische Rolle von SAP S/4HANA und RISE im Rahmen der aktuellen SAP-Produkt- und Cloud-Strategie.
- Sie kennen die wichtigsten Migrationspfade und wissen, wie Sie diese anhand klarer Kriterien bewerten und auswählen.
- Sie haben ein Bild davon, wie sich die Rolle der IT im RISE-Modell verändert – hin zu mehr Steuerung, Architekturverantwortung und Innovationsfokus.
- Sie wissen, wie sich RISE-Projekte pragmatisch und risikobewusst planen und umsetzen lassen – mit Blick auf Governance, Ressourcen und Changemanagement.
- Sie erkennen, wie S/4HANA in der Cloud die Grundlage für fortlaufende Innovation und geschäftlichen Fortschritt schafft.

© Der/die Herausgeber bzw. der/die Autor(en), exklusiv lizenziert an   47
Springer-Verlag GmbH, DE, ein Teil von Springer Nature 2025
C. Jordan, D. Jovic, *Erfolgreich zu SAP S/4HANA in der Cloud*, essentials,
https://doi.org/10.1007/978-3-662-72333-3

Weiterführende Literatur und Materialien

Informationsseite zu „Joule", dem generativen KI-Co-Piloten von SAP https://www.sap.com/products/artificial-intelligence/ai-assistant.html
Ressourcenübersicht zu SAP Cloud ALM https://support.sap.com/en/alm/sap-cloud-alm.html
SAP Activate Community – Methoden, Templates und Best Practices https://pages.community.sap.com/topics/activate
Überblick und Einstiegspunkte zur Business Technology Platform https://discovery-center.cloud.sap/index.html

Empfohlene Online-Kurse auf learning.sap.com

Discovering RISE with S/4HANA Cloud Private Edition https://learning.sap.com/learning-journeys/discovering-rise-with-sap-s-4hana-cloud-private-edition-premium-plus-implementation-including-supplier-portal
Discovering SAP Business Technology Platform https://learning.sap.com/learning-journeys/discover-sap-business-technology-platform
Implementing SAP S/4HANA Cloud Private Edition https://learning.sap.com/learning-journeys/implementing-sap-s-4hana-cloud-private-edition
Video-Serie zu RISE with SAP https://youtube.com/playlist?list=PLpQebylHrdh7xQxCLFkRSM-PW3pRjtNRA

Weitere empfehlenswerte Success Stories:

BMW Group: RISE Migration Factory https://www.sap.com/germany/about/customer-
   stories.html?pdf-asset=e885553d-f87e-0010-bca6-c68f7e60039b&page=1
BMW Group: Data Volume Management (DVM) mit RISE https://www.sap.com/
   documents/2024/04/34480f7e-b87e-0010-bca6-c68f7e60039b.html

If you have any concerns about our products,
you can contact us on
ProductSafety@springernature.com

In case Publisher is established outside the EU,
the EU authorized representative is:
Springer Nature Customer Service Center GmbH
Europaplatz 3, 69115 Heidelberg, Germany

Printed by Libri Plureos GmbH
in Hamburg, Germany